Messianic Lifestyle

메시아적
삶의 스타일

생명은 하나님, 인간 및 자연을 통전적으로 조망할 수 있게 하는 기초개념이다. 그리고 하나님의 창조와 구원과 화해 사역의 중심주제가 되는 개념이다. 또한 생명은 기존의 신학이 가지고 있었던 인간 중심주의적인 한계를 극복하고 나아가 하나님과 세계의 관계를 창조-구원-화해하는 성서적 전망에 부합되도록 하는 개념이다.

Messianic Lifestyle

메시아적 삶의 스타일

노정환 지음

KSI 한국학술정보(주)

목 차

머리말

인간은 누구나 시간과 공간의 한계 속에서 자신의 존재에 대하여 자신이 속한 사회적, 문화적, 환경적 지배 아래 언어와 상징체계로 자신을 전달하고자 하는 도상의 존재이다. 그러므로 역사의 굴레를 짊어지고 과거의 나약함에 대한 후회와 반성을 통하여 현재의 부족함과 무지를 넘어 내일에 대한 끊임없는 도전과 개척으로 미래의 시간과 공간을 새롭게하고자, 오늘이라는 시간과 공간을 점유한다.

이 책은 생명신학적인 입장에서 몰트만(Jürgen Moltmann)의 신학에서 전반적으로 사용된 "메시아적(Messianic)"이라는 용어의 개념과 그 의미를 규명하고, 그가 말한 메시아적 미래와 해방, 메시아적 사귐과 경험, 메시아적 안식과 찬양을 오늘날의 환경보존과 메시아적 삶의 스타일, 그리고 세계선교의 준거로써 그리스도인들의 자화상으로 제시하는 데 목적을 둔다. 즉 현재의 고난을 피하지 않고 고난을 정면 돌파하는 메시아적 미래와 구원, 역사를 넘어서는 하나님의 초월성과 종말의 미래를 현재화시키는 종말론적 안식과 하나님에 대한 찬미, 이 세상의 환경, 정치 및 인류를 향한 책임의식을 지향하는 몰트만 신학의 특징을 탐구하고자 한다.

그래서 나는 이 책 제Ⅰ장인 서론에서는 연구목적 중요성, 연구 방법 및 연구의 범위를 설명하고 몰트만의 신학에 대한 다양한 최근의 연구동향과 방법론에 대하여 고찰하였다.

제Ⅱ장에서는 메시아적 개념의 생명신학적 접근을 통하여 메시아적 개념의 언어분석 및 유대교와 성서전통, 그리고 기독교 교회 전통에서의 메시아적 개념을 규명하고 제Ⅲ장에서는 몰트만 신학 전반에 내포되어 있는 메시아적 개념의 신학적 배경을 고찰하고자 "메시아적" 표상의 인식과 내적 근거 그리고 "메시아적" 세계 인식을 살펴본다. 제Ⅳ장에서는 Ⅲ장에서 고찰한 메시아적 개념이 적용되는 삶의 자리(Sitz im Leben)를 고찰하기 위하여 특히 몰트만 신학의 근간이 되는 그의 "메시아적" 역사와 말씀의 기독론과 "메시아적" 경험과 생명의 영으로서의 생태학적이며 종말론적인 성령론, "메시아적" 예배와 삼위일체론적 찬미의 특징을 나타내는 삼위일체론들을 다룬다. 그러나 본 연구에서는 그의 종말론과 교회론, 인간론, 창조론 등은 특별히 장을 구분하여 연구하지 않았다. 왜냐하면 그의 신학에 근간이 되는 기독론, 성령론, 삼위일체론 속에 이미 그의 다른 사상들이 내포되어 있기 때문이다. 이러한 면이 이 책의 한계와 제한점이기도 하다. 제Ⅴ장에서는 생명신학적인 메시아관에 따른 메시아적 삶에 대한 고찰로 몰트만의 메시아적 개념이 환경보존과 개인의 정치적 행동을 통한 세계 선교에서의 메시아적 개념에 의의를 살펴본다. 제Ⅵ장 결론에 있어서 몰트만의 메시아적 개념의 사용 의도와 함께 메시아적 개념의 규명, 생명신학에서의 메시아적 개념의 중요성 등을 평가하여 몰트만 신학의 공헌점과 저자의 제안을 언급하였다.

끝으로 이 책이 출판되기까지 육신의 아픔을 이겨내시며 최선의 정성과 염려로 지도해 주신 이상직 박사님을 비롯한 호서대학교 신학과 교수님들과 연세대학교 김균진 교수님, 나사렛대학교 김성원 교수님에게 감사를 드린다. 그리고 이름만으로도 늘 코끝을 찡하게 하시는 나의 어머님, 동네 어귀의 커다란 나무와 같이 항상 큰 그늘이 되어 주신 아버님, 사랑하는 나의 세 딸 지원, 지민, 지수와 함께 필자의 건강을 위해 노심초사하며 기도해 주었던 나의 아내 김희선에게 감사와 고마운 마음을 전한다. 또한 이 책의 완성을 위해 수고를 아끼지 아니한 김근영 씨와 한국학술정보 출판사 여러분께 깊은 감사를 드린다.

2007년
윗물동네에서 노정환

Ⅰ. 들어가면서

1. 연구목적 및 중요성

오늘 우리는 산업사회의 마지막 단계인 '후기 산업사회'로 넘어
가는 과도기에 살고 있다. "더 많이 생산하고 ― 더 많이 소비한다"
는 산업사회의 에토스는 그것이 주는 것보다 희생시키는 것이 더
많다. 그 속에 숨어 있는 진보신앙은 지속되는 환경파괴에 직면하
여 붕괴되고 있다. 인간은 단지 생산자, 소비자, 교통의 참여자로
보이고 이에 상응하여 그의 태도가 합리화될 때, 자기를 비인간화
되었다고 느끼게 된다. 산업사회는 인간의 주체성이 해방됨으로써
시작하였는데, 오늘의 인간은 주체성을 상실하고 있다. 소위 문화
병과 신경의학적 불안정이 증가하고 있다. 산업사회와 소비사회에
있어서 상층계급은 심리적으로는 물론 신체적으로도 불모의 존재

로 변하고 있다.1) 더욱이 정보사회로 발전하면서 개인의 정보가
누출되어 불신감을 가중시키거나 익명의 인터넷 악플러들로 인한
피해자들의 절망감, 상업용으로 개발된 컴퓨터 바이러스의 유포,
유전공학의 발전으로 인한 생명 자체의 변이와 복제 등 과학의
오용으로 인한 혼란의 과도기 속에서 '기독교적 삶'은 어떤 형태
를 취해야 할 것인가라는 질문에 대한 답변을 찾고자 생명신학적
인 입장에서 몰트만의 신학에 나타난 "메시아적"2) 개념을 고찰
하고자 한다.

왜냐하면 생명은 하나님, 인간 및 자연을 통전적으로(holistic)
조망할 수 있게 하는 기초개념이며 하나님의 창조사역, 구원사역
및 화해사역의 중심주제가 되는 개념이기 때문이다. 또한 생명은
기존의 신학이 가지고 있었던 인간중심주의적인 한계를 극복하고
나아가 하나님과 세계의 관계를 창조-구원-화해(해방)하는 성서
적 전망에 부합되도록 하는 개념이다. 하나님은 생명의 창조자,
구원자, 화해자(해방자)로서 성서는 기술하고 있다.3)

더욱이 생명신학은 최근의 교회일치운동에 새로운 희망을 던
져주고 있다. 그 가운데 대표자로 교황 요한 바오로 2세는 현대

---

1) J. Moltmann, Der Geist des Lebens (München: Kaiser, 1991), 185. 「생명의 영」
   김균진 역 (서울: 대한기독교서회, 1998).
2) J. Moltmann, *Gott in der Schöpfung* (München: Chr. Kaiser, 1975), 19. *God in
   Creation* (London: SCM Press, 1985), 「창조 안에 계신 하느님」 김균진 역(서울:
   한국신학연구소, 2004). 기독교적인 것(Das Christliche)은 당파적 이름에 있지 않
   고 약속에 있다. 즉 그것은 메시아적인 것(das Messianische)이다. J. Moltmann,
   Der Weg Jesu Christi (München: Chr. Kaiser, 1989), 15. 「예수 그리스도의 길」
   김균진, 김명용 역 (서울: 대한기독교서회, 1990). J. Moltmann, 「오늘 우리에게
   그리스도는 누구신가?」 이신건 역 (서울: 대한기독교서회, 1997), 138.
3) 이상직, "생명신학의 전망과 과제," 한국개혁신학회 제11차 정기학술심포지엄
   발표 논문, (2001. 2).

의 죽음의 문화에 대항하여 "생명의 복음"(*Evangelium vitae*)의 교서를 발표하여(1995년 3월 30일) 생명문화를 주창하였으며, 세계교회협의회는 1993년 라나카(Larnaca)에서 "생명신학"을 위한 연구 프로그램을 채택하였다. 이와 관련하여 세계교회협의회가 창조신학적, 평화신학적, 해방신학적 관점을 결합하는 반면, 몰트만은 제1세계 사람들의 무감정하고 무감각한 삶에 있어서 성령 강림의 체험에 착안하여 통전적인 생명신학을 추구하고 있다.

즉 몰트만에게 있어서 생명은 우리가 영에 의해 움직여지는 그 순간부터 시작된다. 우리의 시간적 생명은 성령으로부터 거듭남으로써 영원한 생명으로 변한다. 왜냐하면 하나님으로부터 태어난 것은 영원하며 사라지지 않기 때문이다. 영생은 죽음 후에 시작되는 게 아니다. 죽음 전에 영생이 있다. 우리는 영생을 끝없는 생명의 연장으로 경험하지 않는다. 우리는 영생을 깊이 있게 경험한다. 진정으로 그리고 온전히 경험되는 순간은 영원의 현존이고 무상하지 않다. 우리가 지금 젊든지 늙었든지 간에, 영의 경험과 함께 생명의 봄은 시작된다.[4]

또한 몰트만은 살아 있는 것의 다른 형식들에 비하여 인간의 생명은 자기의 죽음을 의식하는 생명이라고 한다. 따라서 그것은 죽음을 받아들이고 긍정하도록 되어 있다. 생명은 부인되고 거부되며 버림을 받을 수 있기 때문에, 그것은 긍정되고 수용되고 선택되어야 한다. 자기 증오 속에서 생명은 질식할 수 있기 때문에, 사랑을 받은 경험에서 생성하는 자기 사랑을 발전시켜야 한다. 그리고 생명은 생명에 대한 관심을 통하여 생동성을 유지한다. 생명

---

4) Moltmann, 「오늘 우리에게 그리스도는 누구신가?」 169.

에 대한 관심이 사라질 때, 그것은 그의 인간성을 잃어버리며, 생물학적으로도 사멸한다. 그리고 생명은 사랑으로부터 오며, 사랑을 통하여 생동하게 되며, 사랑을 통하여 다른 생명을 생동토록 만들 수 있다. 사랑의 이 경험이 인간의 생명에서 사라질 때, 그것은 경직하게 하고, 생동하는 몸 가운데서 뻣뻣하게 굳어지고 죽는다.[5]

즉 생명신학은 생명체들이 총체적이고 다차원적이며 전 지구적으로 파괴되고 있기 때문에 생명에 관한(about life) 신학이 아니라, 생명을 위한(for life) 신학으로 단지 생명에 대한 교리적 혹은 관념적인 신학에 머무르는 것이 아니라 실제적이고 구체적인 상황에서 죽어가는 모든 생명체에 다시 생기를 불어넣는 창조적 행위로서의 신학이라는 것이다.

이러한 생명신학적 입장을 견지하며 본 저자는 일반적으로 희망의 신학자로 알려진 몰트만의 신학에서 일반적 의미의 묵시문학적 개인구원의 메시아 개념뿐만 아니라, 메시아의 나라와 백성, 종말, 구원, 사회-정치적, 이스라엘 역사의 회상, 하나님 나라와 역사 간의 범주적 중재, 삼위일체적, 생태학적 개념 등과 함께 사용되었으나, 그 개념이 명확하게 규명되지 못하고 모호하게 그의 신학 전반에 걸쳐 사용된 가장 본질적인 용어(term)인 "메시아적(Messianic)" 개념에 대하여 규명하는 데 그 중요성이 있다.

이에 반하여 호슬리(R. A. Horsley)는 "메시아적"이라는 용어를 포기할 것을 주장한다. 왜냐하면 히브리 성서 텍스트나 주전 2세기-1세기 사이의 유대문헌 그 어디에도 '메시아'는 '종말론적'이

---

5) J. Moltmann, 「신학의 방법과 형식」 김균진 역 (서울: 대한기독교서회, 2001), 163-64.

란 표현을 붙일 수 있는 인물로 등장하지 않기 때문이다.[6] 즉 유대 묵시문학에서 '메시아'는 개인구원을 위해서 사용되지 않았음을 지적하고 있다. 또한 콜린스(J. J. Collins)와 탈몬(S. Talmon) 역시 '메시아적'이란 용어가 세계의 끝이나 역사의 '마지막' 사건 등의 더 일반적인 관점에서 '종말론적'이라고 표현될 수 있는 근거도 존재하지 않는다고 주장한다.[7]

그러나 이 책에서 연구한 몰트만 신학에 있어서는 근원적인 의미에서 '그리스도교적'인 것은 '메시아적'인 것이라고 이해되고 있다. 이 메시아적인 것은 예수의 선포와 그의 역사를 통하여 규정되어 있다.[8] 즉 예수는 메시아이고, 교회는 메시아적 공동체이며, 그리스도인이 된다는 것은 메시아직 인간이 된다는 것이다.[9] 나아가 메시아적 인간이 하나님을 인식하게 되며 그들의 삶과 행복과 고난의 실천 속에서 모든 감각을 가지고 하나님의 현재를 인지하

---

6) R. A. Horsley, "'Messianic' figures and movements in first-century Palestine," *The Messiah: Developments in Earliest Judaism and Christianity Charlesworth*, ed., (Minneapolis: Fortress Press, 1992), 276-95. 현대의 성서신학자들이 '메시아적'이라는 용어는 영감을 받은 대리인이나 종말적 구원을 추구하는 대중운동이나, 이러한 대리인이나 대중운동에 대한 사상이나 기대 등을 다룰 때, 혹은 명백하게 종말론적인 어떤 것을 다룰 때 등에 거의 무차별적으로 사용했다.

7) J. J. Collins, *The Apocalyptic Imagination: An Introduction to Jewish Apocalyptic Literature* (Cambridge: Grand Rapids, 1998), 123, S. Talmon, "Waiting for the Messiah: The Spiritual Universe of the Qumran Convenances," *Judaisms and Their Messiahs at the Turn of Christian Era*, ed. J. Neusner, W. S. Green, and E. S. Frerichs (New York: Cambridge Univ. Press, 1987), 115-31.

8) Moltmann, *Gott in der Schöpfung*, 19.

9) Moltmann, 「오늘 우리에게 그리스도는 누구신가?」 138. 몰트만은 특별히 기독론에 있어서 메시아적인 것의 개념은 예수의 인격과 역사로부터 전개될 뿐만 아니라, 예수는 자기 자신과 자신의 메시지를 이 메시아 희망의 기대라는 범주 안에서 이해했으며, 그의 제자들도 이 범주 안에서 파악했기 때문에, 예수는 원래 그리고 불가분리하게 메시아 희망과 결부되어 있다는 사실로부터 출발하고 있다.

게 된다고 주장한다.[10)

그러므로 몰트만에게 있어서 기독교 신앙에 특별한 것은 신앙
의 대상인 그리스도 자신으로 만일 나사렛 예수가 하나님의 그리
스도로 고백된다면, 이 고백은 이스라엘의 역사 신앙의 메시아적
희망의 세계를 전제한다. 그리고 메시아의 오심과 함께 역사의 시
간은 메시아의 시간으로 승화되며, 역사의 시간들은 역사의 종말
(Endzeit)이 된다.[11) 여기서 기독교 신앙의 생명은 이 메시아적
시간 선포에 있다. 현재의 메시아에 대한 경험을 근거로 메시아적
인 신앙은 시간들을 지배하는 힘들에 따라 시간들을 다음과 같이
구분한다. 즉, 과거는 더 이상 인정되지 않으며, 작용하지 않는 모
든 것으로 죄와 율법과 죽음을 나타낸다. 현재는 이미-지금 인정
되며 작용하는 것으로 은혜와 자유와 화해로 대표된다. 미래는 아
직 경험되지 않았지만 이미 희망될 수 있는 것으로 죽은 자들의
부활과 몸의 구원, 영원한 생명 등으로 표현된다.[12)

또한, 몰트만은 그리스도교에 있어서 메시아적 희망의 첫 성취
는 정치적 성격의 것이었다고 주장한다.[13) 왜냐하면 예수는 가난

---

10) Moltmann, 「신학의 방법과 형식」 13. 에른스트 블로흐(Ernst Bloch)의 희망의 철학
　　에서 몰트만은 그의 유대교적, 기독교적 메시아니즘에 관심을 가졌다. 한편 몰
　　트만은 민중 신학과의 대화에서 한국에는 일종의 민중 메시아니즘이 존재하며,
　　북한의 김일성 주의는 명백한 지배 메시아니즘이라고 주장한다.
11) Ibid., 60. 몰트만은 자신의 신학 초기 신학을 시간의 신학으로 후기 신학을 공
　　간의 신학으로 규정하고, 양자를 연결하는 고리는 창조론과 미래에 대한 메시
　　아적 기다림에 대한 안식의 기본적 의미의 발견이었다고 회고하고 있다.
12) Moltmann, *Gott in der Schöpfung*, 188.
13) J. Moltmann, 「오시는 하나님」 김균진 역 (서울: 대한기독교서회, 2002), 282.
　　정치적 성격이란 그리스도의 표준과 규범에 의해 교회가 정치를 기독 교화하
　　는 것을 의미한다. J. Moltmann, *Kirche in der Kraft der Geistes* (München:
　　Chr. Kaiser, 1975), 29. *The Church in the Power of the Spirit* (New York:
　　SCM Press, 1977), 「성령의 능력 안에 있는 교회」 박봉랑 외 4인 역 (서울: 한

한 자들에 대한 그 나라의 메시아적 선포와 죄인들에 대한 은총의 선포를 근거로 하여 그의 백성의 율법 이해에 의해서 하나님의 모독자로 선포되었고 버림을 받았으며, 결국 그의 죽음은 로마에 의한 십자가형으로서 철회할 수 없는 정치적 차원을 가지기 때문이다.[14)]

더욱이 몰트만에게 있어서 메시아적인 것이란 표현은 포괄적으로 인격을 가진 메시아는 물론 메시아의 나라를 나타내며, 메시아적 표징들은 역사 안에 있는 메시아의 백성을 나타낸다.[15)] 또한 메시아적이라는 개념은 하나님 나라와 역사 간의 범주적 중재를 표시한다. 메시아의 중재가 예수의 역사와 그의 파송에로 방향 지을 때 또 방향 짓는 한 그 개념은 그리스도교적이다. 메시아적인 것의 영역 속에서의 첫 번째 중재 범주는 예기(Anticipation)이다. 선취(Vorwegnahme)란 아직 성취된 것은 아니다. 그러나 그것은 이미 역사의 상황 속에서 이룩되는 미래의 현재이다. 그것은 오고 있는 전체의 한 단편이다. 그것은 성취에로의 선물이며 오는 것을 미리 내다보는 것(Vorgrift)이다.[16)]

이처럼 몰트만은 메시아의 희망이 없을 때 그리스도교는 이교화될 것이고, 무관심으로 말미암아 반유대교적으로 될 것이라고

국신학연구소, 1988).

14) Moltmann, *Kirche in der Kraft der Geistes*, 103-06. 예수께서는 이 정치적 차원의 또 다른 평면 위에서 공개적 조롱과 고문과 버림 받음, 그리고 성문 밖에서의 십자가형을 통하여 멸시받은 자, 고문당한 자, 추방받은 자, 학살당한 자들의 친교 속에 들어갔다(히13:2).

15) Moltmann, *Der Weg Jesu Christi*, 16. 그러나 몰트만은 이 메시아적인 것이란 개념은 메시아에 대한 유대교의 희망을 존경하고 유대교의 종교철학자들과의 꾸준한 대화 속에서 개진될 수 있도록 개방적으로 발전되어야 할 것으로 보고 있다.

16) Moltmann, *Kirche in der Kraft der Geistes*, 214-15.

주장하면서17) 이스라엘의 메시아적 희망들은 분명히 신정적 재난
들과 포로생활의 경험들을 직면한 이스라엘의 신앙의 위기와 관
계되어 있다고 한다. 이 희망들은 다음과 같은 절박한 문제들에
대하여 대답한다. 즉 왜 의로운 사람들이 그렇게도 고난을 당하
며, 하나님 없는 자들은 잘되는가? 하나님의 의는 어디에 있는가?
이 희망들은 "하나님의 자신의 약속에 신실하시다"는 신뢰로부터
생성하며, 이리하여 삶에 대한 고난 속에서 믿음을 유지하고 세계
의 세력들에 대한 내적, 외적 저항에의 용기를 주는 미래의 확신
들이다.18)

　이러한 메시아의 희망은 몰트만에 의하면 두 방향으로 작용할
수 있다. 그것은 인간의 마음을 현재로부터 이끌어 내어 미래에
위치시킨다. 그렇게 되면, 메시아 희망은 현재의 생활과 행동만이
아니라 당연히 현재의 억압으로 인한 고통까지도 공허하게 만든
다. 그러나 그것은 메시아의 미래를 현재화할 수도 있고, 현재를
가까운 하나님의 위로와 복으로 채울 수도 있다. 이러한 메시아
이념은 선취 속의 삶을 강요한다. 이 삶 가운데서는 분명히 모든
것이 이미 궁극적으로 실행되고 성취된다. 왜냐하면 하나님의 나
라는 메시아의 방식으로 이미 가까이 왔기 때문이다.19)

　그러므로 그리스도의 교회는 이스라엘과 구약성서 그리고 하나
님의 미래와의 자체의 관계를 파악할 때에 역사적인 자기 인식과
세계 안에서의 국가와의, 사회와의, 산업과의 관계와 주위의 자연
환경에 대한 관계를 하나님 나라에 일치하게 메시아적으로 즉 구

---

17) Ibid., 17.
18) Moltmann, 「오시는 하나님」 264-65.
19) Moltmann, 「오늘 우리에게 그리스도는 누구신가?」 145.

체적으로 해방하는 것으로 이해할 수 있다. 그러나 수세기동안 교회는 분명히 이 일을 하는데 실패했다. 교회의 반유대적 경향은 교회를 이교화하고 부패시켰으며, 교회로부터 희망의 능력을 빼앗았다. 이 그리스도교의 이교화하고 부패한 형태들이 경제적으로, 정치적으로, 문화적으로 그리고 생태학적으로 몰아넣은 이 세계의 위기는 오늘날 교회로 하여금 그 이스라엘적 근원으로 돌아갈 것을 즉 구약에로 돌아갈 것을 요구하고 있다. 이것은 동시에 세계에 대한 메시아적 희망에로의 전환을 의미한다. 왜냐하면 이스라엘적 근원으로 돌아가는 것은 기독교에 있어서 이스라엘의 메시아주의의 기독교적 해방 이외에 다른 것을 의미할 수 없기 때문이고, 그것으로써 기독교인과 유대인이 희망에 대한 정열을 가지고 함께 세계로 돌아갈 수 있는 것이다.[20)]

2. 연구방법과 범위

이 책은 몰트만의 삼위일체론적, 종말론적 신학의 특성을 주의 깊게 살펴보고, 생명신학의 관점, 특히 생태계의 위기를 극복하고 생명을 존중하는 신학적 관점에서 몰트만 신학을 재해석하고자 한다. 이 생명신학적 방법의 핵심적 단어는 "메시아적"이다.

몰트만 자신의 신학적 방법들은 신학의 대상들을 인식하는 가

---

20) Moltmann, *Kirche in der Kraft der Geistes*, 152-53.

운데 길을 걸어가는 가운데서 생성되어 인격적-전기적으로, 정치
적-콘텍스트적으로, 그리고 자신이 살았던 역사적 카이로스를 통
하여 결정되었다고 한다.[21] 그리고 자신에게 있어서 신학은 인간
이 하나님을 인식하게 되며 그들의 삶과 행복과 고난의 실천 속
에서 모든 감각을 가지고 하나님의 현재를 인식하게 될 때 일어
난다고 밝히고 있다.[22]

또한 자신의 세대를 짓누르는 죄책감과 섬뜩한 무감각을 구체
적으로 경험한 후부터 '더 이상 하나님에 관해 말할 수 없다는
사실'과 '그래도 하나님에 관해 말해야 한다는 사실'이 자기의 신
학 작업의 뿌리가 되어 희망의 이론인 종말론, 십자가의 신학, 그
리고 삼위일체론을 중심으로 타 민족들에 대한 선교, 이스라엘과
의 대화, 그리고 자신의 사회의 기독교화를 구분하여 자신의 신학
에 방향으로 삼고 있음을 회고하고 있다.[23]

희망의 이론인 종말론에서 몰트만은 "약속과 역사"에 대한 자신
의 입장을 표명하기 위하여 홀랜드의 신학자 아놀트 반 룰러
(Arnold van Ruler)의 "종말을 바라봄"(walter freytag)으로써 메시
아적인 동기를 갖는다는 점을 주목하였으며, 에른스트 블로호
(Ernst Bloch)의 희망의 철학에 매료되어 성서의 약속의 신학과
묵시적 희망의 신학, 사도직의 신학과 하나님 나라의 신학, 유물
론적 성분을 지니고 있는 역사적, 사회적, 정치적 실천을 지향하

---

21) Moltmann, 「신학의 방법과 형식」 12.
22) Ibid., 13.
23) J. Moltmann, 「삼위일체와 하나님의 역사」 이신건 역 (서울: 대한기독교서회, 1998),
    330. 몰트만은 자신의 신학을 세 가지 관점 안에서 전개하였다고 밝히고 있다.
    첫째, 하나의 초점에 맞춘 전체 신학 둘째, 운동, 대화 그리고 갈등 속에서 형
    성된 신학 셋째, 전체 신학에 대한 기여로서의 부분.

는 희망의 철학을 결합하였다.

그리고 십자가의 신학에서 몰트만은 하나님의 열정에 관한 유대교적 표상을 발견하여 이스라엘 안의 하나님의 수난사를 가르치는 유대교 신학에 접근하게 되었으며, 일본의 신학자 카초 키타모리, 독일의 디트리히 본회퍼(Dietrich Bonhoeffer), 스페인의 철학자요 시인인 미구엘 드 우나무노(Miguel de Unamuno), 러시아의 종교철학자 니콜라이 베르쟈예프(Nikolai Berdjajew), 라틴 아메리카의 해방신학, 한국의 민중 신학, 정교회, 가톨릭 교회의 수도회 등과 사귐을 나누었다.

삼위일체론의 재구성에서 몰트만은 자신의 십자가 신학이 성령을 제외한 이위일체론에 빠지지 않기 위하여 성령론을 집중적으로 연구하였고, 이 성령론의 관점에서 교회론과 성례론을 설명하였다.24)

이처럼 몰트만은 자신의 신학적 의도가 자의든 타의든 간에 그리스도교 안으로는 교회일치를 위한 에큐메니칼 운동을 불러왔으며, 그리스도교 밖으로는 타 종교와의 대화를 이끌었고, 생태계를 포함하는 우주적 구원론과 범재신론을 삼위일체적으로 제시함으로 환경 문제에 대한 그리스도교적 대안을 제의함으로 현대의 생명 신학에까지 영향을 끼치고 있다.

그러므로 본 저자의 방법론은 그의 신학 전반에 걸쳐서 근간이 되고 주축이 되며, 전개된 종말론적이며 십자가 중심의 그리스도론에 근거한 삼위일체론적 방법론 안에서의 중심 요소인 메시아

24) Ibid., 332-56. 몰트만은 자신의 신학의 구상을 다음과 같은 표어로 제시하고 있다. "나는 성서적인 근거를 갖는 신학, 종말론적인 방향을 갖는 신학, 정치적인 책임을 갖는 신학을 하려고 노력한다."

적 개념에 대하여 고찰하기 위하여 세 가지 방법을 취하고자 한
다. 첫째 방법은 주로 그의 저작들을 중심으로 메시아적 개념을
문헌연구의 방법을 사용하여 분석하였다. 그의 저작들은 그리스도
중심적 희망의 이론인 종말론의 기초로 십자가에 달리신 하나님
에서처럼 기독론의 신앙적 중심 속에서 생태학적 성령론으로 발
전하여 삼위일체론으로 완성되었기 때문에 본 연구에서도 몰트만
의 기독론, 성령론, 삼위일체론을 중점적으로 고찰하고 있다.

둘째 방법은 유대교적, 성서적, 교회전통의 메시아 개념과 몰트
만의 메시아적 개념과의 차이점을 비교 조사하는 방법으로 분석
하였다. 기존의 메시아에 대한 개념은 개인구원만을 위한 종말론
적 인물 혹은 집단에 대한 고유명사로 이해되었으나, 몰트만이 사
용한 "메시아적" 개념은 보다 넓은 영역의 보통명사 혹은 형용사
로서 사용되었다. 즉 개인의 구원뿐만 아니라 고난에 동참하는 그
리스도를 따르는 공동체와 구성원, 이스라엘 역사에 나타난 하나
님의 선취적인 모습, 사회-정치적, 절망에 빠져 희망을 갈구하는
하나님의 창조세계에 나타난 피조물의 고난과 신음소리에서도 사
용되었다. 이를 비교 분석하기 위하여 본 연구에서는 우선 '메시
아'에 대한 언어분석과 함께 유대교적이며, 성서적인 이해와 함께
교회전통에서의 메시아 개념에 대한 이해를 살펴보았다.

셋째 방법은 삼위일체론적 생명신학의 관점에서 몰트만의 메시
아적 개념을 해석하였다. 이를 위하여 몰트만의 메시아적 개념을
개인과 공동체의 메시아적 삶으로 방향 전환뿐만 아니라, 세계선
교의 장(場)에서도 확대 적용되고 있음을 고찰한다.

이 책의 연구의 범위는 생명신학적인 입장에서 몰트만의 신학이 갖

는 성격과 함께 메시아적 개념의 확대 적용에 따라 그의 제안 등을
고찰하고자 그의 저서 가운데 *Theologie der Hoffnung*(München:
Kaiser, 1964), *Der Gekreuzigte Gott*(München: Chr. Kaiser, 1972),
Kirche in der Kraft der Geistes(München: Chr. Kaiser, 1975), *Gott
in der Schöpfung*(München: Chr. Kaiser, 1975), *Trinität und Reich
Gottes*(München: Chr. Kaiser, 1980) *Der Weg Jesu Christi*(München:
Chr. Kaiser, 1989), *Der Geist des Lebens*(München: Kaiser, 1991),
「신학의 방법과 형식」 김균진 역 (서울: 대한기독교서회, 2001)을 1차
문헌으로 하고 그 외 몰트만의 소책자 및 논문들을 2차 문헌으로 연구하
며, 생명신학과 연관하여 나머지 기타 문헌으로 연구의 범위를 정한다.
　　그러나 이 책은 몰드만에 관련된 다른 기타 연구들과는 달리
몰트만 신학 전반에 걸쳐 사용된 "메시아적" 개념으로 그의 신학
을 통전적으로 이해할 뿐만 아니라, 삼위일체론적 생명신학의 관
점에서 조명하고자 하는 데 그 특징이 있다.
　　이 책의 이러한 방법과 범위 안에서 내용은 다음과 같다. 제Ⅰ
장인 서론에서는 연구목적 중요성, 연구방법 및 연구의 범위를 설
명하고 몰트만의 신학에 대한 다양한 최근의 연구동향과 방법론
에 대하여 고찰하였다.
　　제Ⅱ장에서는 메시아적 개념의 생명신학적 접근을 통하여 메시
아적 개념의 언어분석 및 유대교와 성서전통, 그리고 기독교 교회
전통에서의 메시아적 개념을 규명하고 제Ⅲ장에서는 몰트만 신학
전반에 내포되어 있는 메시아적 개념의 신학적 배경을 고찰하고
자 "메시아적" 표상의 인식과 내적 근거 그리고 "메시아적" 세계
인식을 살펴본다. 제Ⅳ장에서는 Ⅲ장에서 고찰한 메시아적 개념이

적용되는 삶의 자리(Sitz im Leben)를 고찰하기 위하여 특히 몰
트만 신학의 근간이 되는 그의 "메시아적" 역사와 말씀의 기독론
과 "메시아적" 경험과 생명의 영으로서의 생태학적이며 종말론적
인 성령론, "메시아적" 예배와 삼위일체론적 찬미의 특징을 나타
내는 삼위일체론들을 다룬다. 그러나 본 연구에서는 그의 종말론
과 교회론, 인간론, 창조론 등은 특별히 장을 구분하여 연구하지
않았다. 왜냐하면 그의 신학에 근간이 되는 기독론, 성령론, 삼위
일체론 속에 이미 그의 다른 사상들이 내포되어 있기 때문이다.
이러한 면이 이 책의 한계와 제한점이기도 하다. 제Ⅴ장에서는 생
명신학적인 메시아관에 따른 메시아적 삶에 대한 고찰로 몰트만
의 메시아적 개념이 환경보존과 개인의 정치적 행동을 통한 세계
선교에서의 메시아적 개념에 의의를 살펴본다. 제Ⅵ장 결론에 있
어서 몰트만의 메시아적 개념의 사용 의도와 함께 메시아적 개념
의 규명, 생명신학에서의 메시아적 개념의 중요성 등을 평가하여
몰트만 신학의 공헌점과 저자의 제안을 언급하였다.

3. 연구사

  몰트만 신학에 관한 연구는 오늘날 신학을 전공으로 하는 사람
들뿐만 아니라 일반 기독교인들, 그리고 교회일치나 해방신학 등
에 관심을 가진 다양한 계층에 많은 사람들에 의해 주요한 관심

의 대상이 되며 연구되고 있다. 그 이유는 우선, 몰트만 자신이
다양한 신학적 주제와 사건들에 관심을 가지고 자신의 신학방법
론에 비추어 저작 활동을 왕성히 하였기 때문이며, 다음으로 몰
트만 신학에 대한 연구는 20세기와 21세기에 걸쳐 가장 우리
시대에 적합한 신학으로 그의 신학이 오늘을 사는 우리의 삶의
자리(Sitz im Leben)에서 함께 고민하며, 연구자들 자신의 문제
에 그 해답을 제시할 뿐만 아니라, 연구자의 사회적-문화적-환
경적 요인과 함께 행동 방향까지도 제시해 주기 때문이다.

이처럼 최근의 몰트만 신학에 대한 다양한 연구들을 몰트만 회
갑기념논문집25)의 구성에 비추어 유형별로 구분하면 다음과 같다.
첫째 희망의 신학에서 희망의 이론인 종말론에 관련된 연구들이
다. 랜달 E. 오토(Randall E. Otto)는 "The Eschatological Nature
of Moltmann's Theology"26)에서 몰트만 신학에 있어서 미래
(Zukunft)와 종말 개념에 대한 이스라엘의 예언자들과 관련된 종
말론적인 하나님 이해를 제시하였으나, 유대교와 관련된 묵시사상
과 약속과 역사에 대한 몰트만의 신학적 고민을 충분히 반영하지
못하고 있다. 이에 반하여 크리스토퍼 모어세(Christopher Morse)
는 *The Logic of Promise in Moltmann's Theology*27)에서 몰트
만 신학에서의 약속에 대한 개념을 언어분석적인 방법으로 밝히

25) Hewmann Deuser, Derhard Marcel Martin, Konrad Stock, Michael Welker, ed,
Gottes Zukunft-Zukunft der Welt: Festschr. für Jürgen Moltmann zum 60,
(München: Kaiser, 1986).
26) Randall E. Otto, "The Eschatological Nature of Moltmann's Theology," *The
Westminster Theological Journa*l, Vol.54 No1, Philadelphia, Pennsylavnia:
Westminster Theological Seminary (Spring 1992): 115-133.
27) Christopher Morse, *The Logic of Promise in Moltmann's Theology*
(Philadelphia: Fortress Press, 1979), 41-132.

면서 종말론적인 존재론을 주장하고 있으나, 역사에 대한 고찰
이 배제되었다. 그리고 웰시(B. J. Walsh)는 논문 "Theology of
Hope and the Doctrine of Creation"[28]에서 희망의 신학이 창조
신학의 이론적 근거가 되고 있다고 주장하였으나, 몰트만에게 있
어서 희망의 신학은 창조신학뿐만 아니라 그의 십자가의 신학과
삼위일체론의 근거가 되었음을 간과하고 있으며, 더욱이 위의 세
이론을 연결하는 고리의 역할을 하는 것이 바로 메시아적 개념이
라는 사실은 전혀 간파하지 못하고 있다.

다음으로 국내 학자들의 연구 성과로는 김명용의 "몰트만의
종말론"에서 김명용은 바르트의 화해론과 몰트만의 만유구원에
대한 비교 고찰을 통하여 몰트만의 종말론을 구원이라는 주제에
한정하여 깊이 있게 고찰하였으나, 만유구원에 있어서의 메시아에
대한 대망을 깨닫지 못했다.[29] 이에 반해 이정배의 "메시아적 종
말론과 진화론-몰트만의 자연신학 연구"[30]는 몰트만의 신학은
희망의 신학의 빛에서 메시아적 소망이 신학의 본질임을 천명하
였으며, 하나님, 교회 창조 그리고 성령, 종말 등을 현실 역사 속
에서 사실 적합한 신학적 주제로 설명하는 공통점을 가지고 있다
고 주장한다. 또한 이형기의 「알기 쉽게 간추린 몰트만 신학」[31]
은 몰트만의 신학적 배경과 종말론에 기초한 몰트만의 주요 저
서를 리차드 바우쿰(Richard Bauckham)의 *Moltmann: Messianic*

---

28) B. J. Walsh, "Theology of Hope and the Doctrine of Creation," *The Evangelical Quarterly 59* (January 1987): 53-76.
29) 김명용, "몰트만의 종말론," 「몰트만과 그의 신학: 희망과 희망 사이」 (서울: 한들출판사, 2005), 247-77.
30) 이정배, "메시아적 종말론과 진화론-몰트만의 자연신학 연구," 「몰트만과 그의 신학: 희망과 희망 사이」 117-46.
31) 이형기, 「알기 쉽게 간추린 몰트만 신학」 (서울: 대한기독교서회, 2002).

*Theology in the Making*와 *The Theology of Jürgen Moltmann*를 참조하여 요약 정리해 놓았다.

둘째, 십자가에 달리신 하나님의 고난과 부활에 관련된 연구들이다. 미카엘 벨커(Michael Welker)에 의해 편집된 *Diskussion über Jürgen Moltmann Buch Der gekreuzigte Gott*[32])에서 몰트만의 십자가에 달리신 하나님에 대한 다양한 논평들과 몰트만의 답변이 기재되어 있다. 그리고 맥윌리안(W. Mcwillians)의 "The Passion of God and Moltmann's Christology,"와 "Trinitarian Doxology: Jürgen Moltmann on the Relation of the Economic and Immanent Trinity"[33])의 논문에서는 몰트만의 기독론을 삼위일체론 안에서 예수 하나님의 고난이라는 주제이로 해석하였디. 이와 유사하게 국내 학자로 신옥수는 "몰트만 신학에 있어서 하나님의 고난 가능성"[34])을 발표하였다.

셋째, 성령의 능력 안에 있는 교회에 대한 연구들로 현요한의 "몰트만의 성령론"[35])은 몰트만의 성령론을 사회적 삼위일체론의 관점에서 시작하여 영과 육, 사회, 정치, 피조세계 전체 안에 있는 성령과 그 모든 것의 중생, 칭의, 성화, 해방을 추구하는 총체적 성령론으로 발전시켰음을 지적하고 있으나, 타 종교와의 대화를

---

32) Michael Welker, *Diskussion über Jürgen Moltmann Buch Der gekreuzigte Gott* (München: Kaiser, 1979).
33) W. Mcwillians, "The Passion of God and Moltmann's Christology," *Encounter 40*(Autumn 1979): 325-26, "Trinitarian Doxology: Jürgen Moltmann on the Relation of the Economic and Immanent Trinity," *Perspectives in Religious Studies 23*, No.1 (Spring 1996): 25-38.
34) 신옥수, "몰트만 신학에 있어서 하나님의 고난 가능성," 「한국개혁신학」 (서울: 한국개혁신학회, 도서출판 불과 구름, 2004), 153-87.
35) 현요한, "몰트만의 성령론", 「몰트만과 그의 신학: 희망과 희망 사이」 197-218.

위한 몰트만의 메시아적 성령이해에 대한 관심은 배제되어 있다. 그리고 김광식은 네덜란드의 개혁파 신학자 베르코프(Hendrikus Berkhof)와 몰트만의 성령론을 비교 연구하였으나,[36] 성령론에 대한 비교 연구라기보다는 삼위일체론에 대한 베르코프와 몰트만의 논쟁들을 소개하고 있다. 한편, 김영한은 자신의 저서 「바르트에서 몰트만까지」[37]에서는 삼위일체적 교회론의 근거로서 메시아적 교회론을 제시하였으며, 소논문 "몰트만의 보편 화해론에 대한 비판적 고찰"[38]을 발표하였다. 몰트만의 교회론에 대한 연구에 있어서 이상직의 "몰트만의 교회론: 하나님의 영광과 세계의 해방을 위한 교회론"[39]은 몰트만의 교회론의 종말론적, 메시아적, 성령론적, 삼위일체적. 하나님에 대한 찬미를 위한 생태학적 특징들을 정확하게 지적하고, 몰트만의 교회론의 공헌점과 비판점을 제시하였다.

넷째, 하나님 나라와 삼위일체에 대한 연구로는 조지 A. 매슨 (George A. Mason Jr.)의 "God's Freedom as Faithfulness: A Critique of Jürgen Moltmann's Social Trinitarianism"[40]와 우드 (L. W. Wood)의 "From Barth's Trinitarian Christology to Moltmann's Trinitarian Pneumatology: A Methodist Perspective

---

36) 김광식, 「조직신학 II」(서울: 대한기독교서회, 1990).
37) 김영한, 「바르트에서 몰트만까지」(서울: 대한기독교출판사, 1988).
38) 김영한, "몰트만의 보편 화해론에 대한 비판적 고찰", 「조직신학연구」(서울: 한국복음주의조직신학회, 2002), 156-62.
39) 이상직, "몰트만의 교회론: 하나님의 영광과 세계의 해방을 위한 교회론", 「몰트만과 그의 신학: 희망과 희망 사이」 219-45.
40) George A. Mason Jr., "God's Freedom as Faithfulness: A Critique of Jürgen Moltmann's Social Trinitarianism," Ph. D. diss., (Southwestern Baptist Theological Seminary, 1987): 36-89.

",41) 김재진의 "몰트만의 삼위일체의 비판적 이해",42) 박만의 「현대 삼위일체론 연구」43) 등 있으나, 메시아적 개념의 역할은 간과되었다.

다섯째, 창조 안에 계신 하나님에 대한 연구로 폴 D 몰나르(Paul D. Molnar)는 논문 "The Function of the Trinity in Moltmann's Ecological Doctrine of Creation"44)에서 인간의 자유와 하나님의 자유에 대한 연구와 함께 하나님의 양태론(Modalism)의 문제에 대한 삼위일체론적 답변을 제시하였으며, 또 다른 논문 "Moltmannnnn's Post-Modern Messianic Christology"45)에서는 몰트만의 신학에 있어서 메시아적 기독론의 중요성을 강조하고 있다. 그리고 맥인트리(J. McIntyre)의 논문 "Review Essay: Moltmann's God in Creation"46)에서는 몰트만의 창조론을 간략하게 소개하고 있고, 보우마−프리디거(S. Bouma-Prediger)의 논문 "Creation as the Home of God: The Doctrine of Creation in the Theology of Jürgen Moltmann"47)은 몰트만 신학에 있어서 창조론이 우주적 성

---

41) L. W. Wood, "From Barth's Trinitarian Christology to Moltmann's Trinitarian Pneumatology: A Methodist Perspective," *The Asbury Theological Journal 48*, No.1 (Spring 1993), 64-6.

42) 김재진, "몰트만의 삼위일체의 비판적 이해", 「몰트만과 그의 신학: 희망과 희망 사이」 91-116.

43) 박만, 「현대 삼위일체론 연구」 (서울: 대한기독교서회, 2003), 108-39.

44) Paul D. Molnar, "The Function of the Trinity in Moltmann's Ecological Doctrine of Creation," *The Westminster Theological Journal*, Vol.51 No.1, (Spring 1990): 673-97.

45) Paul D. Molnar, "Moltmann's Post-Modern Messianic Christology," *The Thomist 56*, No.4 (1992): 669-93.

46) J. McIntyre, "Review Essay: Moltmann's God in Creation," *Scottish Journal of Theology 41* (1988): 267-73.

47) S. Bouma-Prediger, "Creation as the Home of God: The Doctrine of Creation in the Theology of Jürgen Moltmann," *Calvin Theological Journal 31* (1997):

령의 전으로 확대 발전하였음을 제시하고 있다. 또한 페로우(D. Farrow)의 논문 "Review Essay: In the End Is the Beginning: A Review of Jürgen Moltmann's Systematic Contributions,"[48], 딘 드루먼드(C. E. Deane-Drummond)의 *Ecology in Jürgen Moltmann's Theology*[49] 등은 몰트만의 창조론을 생태학적인 관점에서 연구하고 있으며, 신옥수의 박사학위논문 "The Panentheistic Vision in the Theology of J. Moltmann"[50]에서 몰트만 신학에 있어서의 만유재신론적 비전에 대한 고찰을 보여주었으며, 올슨(R. E. Olson)의 연구논문 "Trinity and Eschatology: The Historical Being of God in Jürgen Moltmann and Wolfhart Pannenberg"[51]에서 삼위일체와 하나님의 나라 안에 이미 만유재신론(panentheism)이 숨어져 있다. 이 범재신론은 예수 그리스도의 길 안에서 창조 안에 계신 하나님에서 확증된다.

여섯째, 인간의 세상에 대한 연구로 아담스(D. R. Adams)는 자신의 박사학위논문 "The Doctrine of Divine Person Considered both Historically and in the Contemporary Theologies of Karl

---

72-90.

48) D. Farrow, "Review Essay: In the End Is the Beginning: A Review of Jürgen Moltmann's Systematic Contributions," *Modern Theology 14*, No.3 (1998): 425-47.

49) C. E. Deane-Drummond, *Ecology in Jürgen Moltmann's Theology, Texts and Studies in Religion*, Volume 75 (Lewiston / Queenston / Lampeter: The Edwin Mellen Press, 1997), 100-6.

50) 신옥수, "The Panentheistic Vision in the Theology of J. Moltmann," Pasadena, California: Fuller Theological Seminary, (June 2002). "몰트만 신학에 있어서의 만유재신론적인 비전",「현대 신학자들의 동향」(서울: 한들출판사, 2003), 99-129.

51) R. E. Olson, "Trinity and Eschatology: The Historical Being of God in Jürgen Moltmann and Wolfhart Pannenberg," *Scottish Journal of Theology 36*, No.2 (1983): 213.

Barth and Jürgen Moltmann"[52]에서 바르트(K. Barth)와 몰트만의 신학에 있어서 역사와 예수 그리스도의 영적인 인격에 대한 비교 연구를 하였으나, 몰트만에게 있어서의 메시아적인 시간과 역사 이해에 대한 특징은 간과되었고, 김형민의 "위르겐 몰트만의 신학적 인권론"[53]은 몰트만의 신학을 인권의 신학으로 나아가 미래지향적 책임의 신학으로 규정하고 있다. 그리고 황덕형의 소논문 "몰트만 신학에 있어서의 경험의 개념"[54]과 황돈형의 "몰트만의 인간이해"[55] 등이 있다.

일곱째, 정치신학-정치윤리에 대한 연구로는 박봉랑의 "J. 몰트만의 정치신학"[56]이 있으며 최근에 연구로는 유석성의 "몰트만의 정치, 사회적 그리스도론"[57]이 있다. 유석성은 이 논문에서 몰트만의 정치적 해석은 메시아적 해석이며, 정치신학은 메시아적 행위를 지향하며 이것은 불의에 대한 항거라는 점을 밝히고 있다.

여덟째, 신학의 조망에 대한 연구로 켈러(C. Keller)의 "Pneumatic Nudges: The Theology of Moltmann, Feminism, and the Future," *The Future of Theology: Essays in Honor of Jürgen Moltmann*.[58]가

---

52) D. R. Adams, "The Doctrine of Divine Person Considered both Historically and in the Contemporary Theologies of Karl Barth and Jürgen Moltmann," Ph. D. diss., (Fuller Theological Seminary, 1991).

53) 김형민, "위르겐 몰트만의 신학적 인권론", 「개혁신학과 경제윤리」 (서울: 한국개혁신학회, 한들출판사, 1999), 289-322.

54) 황덕형, "몰트만 신학에 있어서의 경험의 개념", 「몰트만과 그의 신학: 희망과 희망 사이」 63-90.

55) 황돈형, "몰트만의 인간이해", 「몰트만과 그의 신학: 희망과 희망 사이」 147-71.

56) 박봉랑, "J. 몰트만의 정치신학", 「신학연구」 (서울: 한신대학교신학대학, 1986).

57) 유석성, "몰트만의 정치, 사회적 그리스도론", 「몰트만과 그의 신학: 희망과 희망 사이」 173-95.

58) C. Keller, "Pneumatic Nudges: The Theology of Moltmann, Feminism, and the

있으며, 리차드 바우쿰(Richard Bauckham)은 *Moltmann: Messianic Theology in the Making*와 *The Theology of Jürgen Moltmann*[59])에서 몰트만의 초기 세 저서 「희망의 신학」(1964), 「십자가에 달리신 하나님」(1975), 「성령의 능력 안에 있는 교회」(1975)를 그의 메시아적 신학을 위한 준비로 보고 후기의 여섯 저서 「삼위일체와 하나님의 나라」(1980), 「창조 안에 계신 하나님」(1985), 「예수 그리스도의 길」(1989), 「생명의 영」(1991), 「오시는 하나님」(1995), 「신학의 방법과 형식」(2001)을 신학적 논의를 위한 일련의 신학적 기여로 본다.

이에 반해 탕(Siu-Kwong Tang)은 「God's History in the Theology of J. Moltmann」[60])에서 바우쿰의 메시아적 신학이 하나님의 역사에 대한 신학으로 대체되어야 한다고 주장한다.

또한 이 범주에 속하는 국내 신학자는 김균진으로 그는 몰트만의 저서들을 번역하였으며, "Offenbarung Gottes und Die Geschichte bei W. Pannenberg und J. Moltmann,"[61]) "희망의 하나님 – 희망의 종교,"[62]) "현대 조직신학자들의 영성: 몰트만의 신학과 영성"[63]) 등

Future," in *The Future of Theology: Essays in Honor of Jürgen Moltmann.* Eds. Miroslav Volf, Camen Krieg, and Thomas Kucharz (Grand Rapids, MI / Cambridge, U. K.: Wm. B. Eerdmans, 1996), 27-136.

59) Richard Bauckham, *Moltmann: Messianic Theology in the Making* (Basinstoke: Marshall and Scott, 1987), *The Theology of Jürgen Moltmann* (Scotland: T & T Clark Ltd., 1995).

60) Siu-Kwong Tang, *God's History in the Theology of J. Moltmann* (Bern: Peter Lang, 1996), 132.

61) Kyuun-Jin Kim, "Offenbarung Gottes und Die Geschichte bei W. Pannenberg Und J. Moltmann," *Gottes Zukunft-Zukunft der Welt: Festschr. für Jürgen Moltmann zum 60* (München: Kaiser, 1986), 481-90.

62) 김균진, "희망의 하나님 – 희망의 종교", 「몰트만과 그의 신학: 희망과 희망 사이」 31-62.

63) 김균진, "현대 조직신학자들의 영성: 몰트만의 신학과 영성", 「조직신학논총」 (서울: 한들출판사, 2002).

의 논문들을 발표하였고, 「헤겔철학과 현대신학」64)에서는 몰트만의 희망의 신학에 대한 전반적인 소개를 하였다. 또한 「생태학의 위기와 신학」65)에서는 몰트만의 창조론을 자세하게 설명하였을 뿐만 아니라, 「역사의 예수와 하나님의 나라」66)에서는 오늘날의 그리스도론을 논하면서 몰트만의 그리스도론을 집중적으로 고찰하고 있다.

몰트만의 생명을 생명신학과 관련하여 조망한 국내의 연구들은 다음과 같다. 「생명의 영성」 한국조직신학회(서울: 대한기독교서회, 2004)에 수록된 전현식의 "생명(창조)에 대한 몰트만의 삼위일체적 성령론적 이해 – 생태여성학적 재해석 및 비전"과 황돈형의 "생명과 성령" 정기철의 "생명신학의 과제" 이정배의 "통합 학문의 주제로서 '생명'과 기독교 생명신학" 등이다.

또한 생명신학에 대한 연구로는 김경재의 「생명회복을 위한 신학과 목회」,67) 김지하의 「살림」,68) 이정배의 「창조신학과 생태학」과 「토착화와 생명문화」,69) 장회익의 「과학과 메타과학」,70) 박재순의 「한국생명신학의 모색」,71) 선순화의 「공명하는 생명신학」,72) 정홍규의 「생명을 하늘처럼」,73) 천사무엘의 "구약성서에 나타난 생명신학",74) 최흥진의 "신약성서에 나타난 생명신학",75) 「생명문

---

64) 김균진, 「헤겔철학과 현대신학」 (서울: 대한기독교출판사, 1990).
65) 김균진, 「생태학의 위기와 신학」 (서울: 대한기독교서회, 1991).
66) 김균진, 「역사의 예수와 하나님의 나라」 (서울: 연세대학교출판부, 1995).
67) 김경재, 「생명회복을 위한 신학과 목회」 목회와 신학 3 (서울: 한국기독교장로회 총회 교육편, 1994).
68) 김지하, 「살림」 (서울: 동광출판사, 1989).
69) 이정배, 「창조신학과 생태학」 (서울: 설우사, 1987): 「토착화와 생명문화」 (서울: 종로서적, 1991).
70) 장회익, 「과학과 메타과학」 (서울: 지식산업사, 1990).
71) 박재순, 「한국생명신학의 모색」 (천안: 한국신학연구소, 2000).
72) 선순화, 「공명하는 생명신학」 (서울: 다산글방, 1999).
73) 정홍규, 「생명을 하늘처럼」 (서울: 성 바오로출판사, 1993).

화와 기독교」 등이 있다.

또한 국외의 연구들로 번역되어 있는 것은 보프(L. Boff)의 「생
태신학」,[76] 카프라(F. Capra)의 「생명의 그물」,[77] 벨라미 포스터
(Bellamy J. Foster)의 「환경과 경제의 작은 역사」,[78] 마글리스
(Lynn Magulis)와 사간(Dorion Sagan)의 「생명이란 무엇인가」,[79]
리프킨(J. Rifkin)의 「생명권 정치학」,[80] 슈텍(Odil H. Steck)의 「
세계와 환경」[81] 등이 있다.

번역되지 않은 중요한 연구들로는 비치(Leonardo Birch)와 콥
(John Jr. Cobb)의 *The Liberation of Life: From the Cell to the
Community*,[82] 네스 (Arne Naess)의 *Ecology, Community and
Lifestyle*[83]와 나쉬(James A. Nash)의 *Loving Nature: Ecology
Integrit and Christian Responsibility*[84]이 있으며, 쉐링크(E.
Schlink)의 *Ökumenische Dogmatik*[85] 등이 있다.

---

74) 천사무엘, "구약성서에 나타난 생명신학", 「생명문화와 기독교」 (서울: 한들, 1999).
75) 최흥진, "신약성서에 나타난 생명신학", 「생명문화와 기독교」 (서울: 한들, 1999).
76) L. Boff, 「생태신학」 김항섭 역 (서울: 카톨릭출판사, 1996).
77) F. Capra, 「생명의 그물」 김용정, 김동광 역 (서울: 범양사, 1988).
78) Bellamy J. Foster, 「환경과 경제의 작은 역사」 김현구 역(서울: 현실문화 연구,
   2001).
79) Lynn Magulis & Dorion Sagan, 「생명이란 무엇인가」 황현숙 역(서울: 지호, 1999).
80) J. Rifkin, 「생명권 정치학」 이정배 역 (서울: 대화출판사, 1996).
81) Odil H. Steck, 「세계와 환경」 박영옥 역 (천안: 한국신학연구소), 1990.
82) Leonardo Birch, John Jr. Cobb, *The Liberation of Life: From the Cell to the
   Community* (Cambridge: Cambridge University Press, 1981).
83) Arne Naess, *Ecology, Community and Lifestyle* (Cambridge: Cambridge Uni-
   versity Press), 1989.
84) James A. Nash, *Loving Nature: Ecology Integrit and Christian Responsibility*
   (Nashvill: Abingdon Press), 1991.
85) E. Schlink, *Ökumenische Dogmatik* (Göttingen: Vandehoeck & Ruprecht), 1983.

Ⅱ. 메시아 개념의 기원과
성서적 의미

몰트만은 하나님의 나라에 대한 메시아적 희망이 없었다면, 교
회와 이스라엘 사이에는 긍정적 교통이 있을 수 없으며,[86] 유대교
적 희망과 기독교적 희망의 공통된 출발점은 메시아 왕국에서 메
시아의 오심에 있다고 제시한다.[87]

이러한 메시아적 희망이 이스라엘 안에서 생성된 것은 거룩한
도시 예루살렘과 시온에 있는 하나님의 성전의 파괴에 대한 실망
으로부터 설명하여 왔다. 그리고 메시아적 희망이 최전성기는 바
빌론 포로시대에 포로된 자들의 고난에 있다고 생각하였다. 이처
럼 메시아사상이 "재난의 이론"이며, 귀향에 대한 포로들의 생명

---

86) Moltmann, 「오시는 하나님」 345.
87) Ibid., 347.

을 유지할 수 있었다. 그러나 몰트만은 억압을 당하고 포로된 모든 백성들이 아니라 오직 이스라엘만이 자신의 방법으로 이 메시아적 희망을 발전시켰는가에 대한 원인은 훨씬 더 깊은 곳에 있다고 주장한다.[88]

또한 메시아에 대한 유대교의 기다림의 관점에서 볼 때 예수는 역설적 메시아였다. 즉, 그는 외관과는 반대되는, 소위 말하는 역사의 판단과 반대되며 로마의 폭력적 지배자 빌라도의 사형의 판결에도 불구하고 메시아이다. 메시아에 대한 로마의 입장은 예수만이 단 하나의 참된 혁명적 메시아였다. 왜냐하면 그리스도교로 말미암아 로마 제국이 그 밑바닥에서부터 변화되었기 때문이다.[89]

그러므로 본 장에서는 이러한 메시아 개념의 전 이해와 함께 생명신학적 접근을 위하여 메시아 개념의 언어적 의미와 함께 유대교 전통에서의 메시아의 개념 이해, 성서와 기독교 전통에서의 메시아 개념에 대한 고찰을 한다.

1. 메시아 개념의 언어적 의미

오늘날의 기독교인들은 매우 일반적인 의미로 "메시아적"이라는 형용사를 생각하는 것이 보통이다.[90] 그러나 메시아 내지 그리스

---

88) Moltmann, *Der Geist des Lebens*, 65.
89) Moltmann, *Der Weg Jesu Christi*, 240-41.
90) O. Culmann, 「신약의 기독론」 김근수 역 (서울: 나단, 1988), 187.

도라는 칭호는 이미 신약성서에서도 가장 중심적인 칭호로 평가
되어 마침내 예수의 고유명으로까지 되었다.91)

히브리어로 메시아(משׁיח, Mashiach)는 "야훼의 기름부음을 받은
자"(the anointed One)를 의미한다.92) "기름부음을 받은 자"에 대
한 기대는 기원전 2세기 초부터 예루살렘의 파괴(기원 후 70년)
에 이르기까지의 유대교에서도 비교적 드물게 증거되었으나 유대
민족의 정치적인 적대자들을 분쇄하고 하나님의 죄 없는 백성을
다스릴 현세의 왕, 다윗의 아들, 주의 기름부음을 받은 자에 대한
희망으로서 매우 강조된 것을 볼 수 있다.93)

언어학적으로 메시아(Mashiach)라는 명사의 동사형은 마샤흐(משׁה,
Mashahe)이다. 이 말은 일반적으로 (기름 따위를) "바르다", "붓
다" 또는 "칠을 입힌다"라는 뜻이다.94) 그리고 히브리어 마샤흐(מ
שׁה)에서는 두 가지 말이 파생되었다. 첫째는 미시하(משׁחה,
Mishiha, 기름부음에 사용된 재료)로 이 말은 또한 성별된 사물
들을 가리키는 데에도 사용된다(레7:33; 민18:8). 두 번째 파생어
는 마쉬아흐(משׁיח Mashiahe)이다. 이 말이 정확하게 히브리어 동
사와 어떻게 연관되어 있는지는 알려져 있지 않다. 이 형태가 수
동형이라는 것은 틀림없으나, 히브리어의 수동형에는 이러한 형태
가 없다.95)

---

91) Walter Kasper, *Jesus the Christ* (New York: Paulist Press, 1976), 102.

92) Moltmann, *Der Weg Jesu Christi*, 15.

93) Wener Georg Kümmel, 「신약성서의 신학」 박창건 역 (서울: 성광문화사, 1987),
75-6.

94) S. Szikszai, "Anoint," *Interpreter's Dictionary of the Bible*, Vol. Ⅰ (New York:
Abingdon Press, 1962), 138.

95) Gerard Van Groningen, 「구약의 메시아사상」 류호준, 유재원 역 (서울: 기독교
문서선교회, 1999), 15-6. 70인역과 신약성경에 사용된(눅4:18, 행4:27; 10:38) 크

이런 의미로 그것은 특히 이스라엘의 왕을 지칭한다. 그는 "여호와의 기름을 부으심을 받은 자"로 칭해지는데—그것은 왕의 기름부음에 대한 시사이다(심상9:16; 24:6). 또한 그 칭호는 이스라엘의 왕에게만 해당했던 것은 아니다. 왜냐하면 하나님께서 자기 백성을 위해 특별한 사명을 부과하시는 자는 누구든지 그 칭호를 지닐 수 있었기 때문이다(출28:41과 왕상14:16비교). 심지어는 이방의 왕(王)일지라도 하나님께서 그에게 특별한 책무를 부과하시면, 즉 그가 구원이라는 신적(神的) 계획을 집행키 위한 기구이면, 그는 그 칭호를 지닐 수 있었다.(사45:1).[96]

그러므로 기름부음은 세 가지 요소를 내포하고 있다. 첫째, 직위에 임명되는 것, 둘째, 기름부음 받은 자와 하나님 사이에 신성한 관계가 성립되는 것, 셋째, 직위에 임명된 자에게 하나님의 신이 임하는 것(삼상16:13) 등이다.[97] 또한 이스라엘에 있어서 메시아적 희망이 생성된 것은 단지 왕들이 하나님의 기름부음을 인간적으로 가르친 데에 있는 것이 아니라 자비로운 하나님의 이름으로 구원자 왕권을 구성한 데에 있다.[98]

리오(χ ρ ίω)라는 헬라어 동사와 이를 나타내는 다른 말인 '메시아'란 명칭(요 1:41; 4:25) 역시 몸을 문지르거나 친다는 뜻을 포함하고 있다. 성경에는 무교병이나 방패와 같은 사물들에 기름이 부어졌다는 표현들이 있다. 기름으로 바른다는 것은 이러한 구절들에 표현된 개념을 말하는 것이다.

96) Culmann, 「신학의 기독론」 182.

97) Louis Berkhof, 「기독교 신학개론」 신복윤 역 (서울: 성광문화사, 2001), 186.

98) Moltmann, *Der Weg Jesu Christi*, 25.

2. 성서전통에서의 메시아

이스라엘의 구약성서의 문헌들은 출애굽의 경험과 창조의 신앙만을 증거할 뿐만 아니라 예언서에서 영원한 자유에로의 새롭고 궁극적인 출애굽에 대한 메시아적 희망도 증거한다. "새로운 출애굽"에 대한 메시아적 비전은 처음 출애굽에 대한 회상을 받아들이지만 희망의 힘으로써 이것을 발전시킨다.[99]

또한 메시아는 인간의 세계를 종식시키는 하나님의 왕궁에 대한 신정적(theopolitische) 희망이다(단2, 7장). 이사야에 의하면 이 신적 나라는 시온을 중심으로 가진 모든 민족에 대한 메시아적 평화의 나라로 생각될 수 있으며, 다니엘서 7장에 의하면 모든 인간을 위한 사람의 아들의 영원한 평화의 나라로 표상될 수 있다. 나중에 차안적인 메시아의 형태와 피안적인 사람의 아들의 형태가 결합되면서, 이스라엘 중심적인 메시아니즘과 온 인류의 보편주의가 조화를 이루게 되었다.[100] 그러나 특별히 구약성서는 메시아에 대하여 예수라는 이름은 사용하지 않으나 여러 가지 다른 이름으로 메시아에 대하여 언급하고 있다.[101]

이사야 9장의 메시아 희망은 왕이 성령을 받음에 대하여 처음으로 직접 말하고 있다. 그러나 이사야 11:2절은 왕에 대한 고대의 양식을 새로운 힘과 함께 타당화시킨다: "야훼의 영이 그에게

99) J. Moltmann, *Trinität und Reich Gottes* (München: Kaiser, 1980), 115-16. 「삼위일체와 하나님의 나라」김균진 역 (서울: 대한기독교출판사, 1982).
100) Moltmann, 「오시는 하나님」 265.
101) 이종성, 「그리스도론」 (서울: 대한기독교출판사, 1994), 17-86.

머문다. 지혜와 슬기의 영, 경륜과 용기의 영, 야훼에 대한 지식과 두려움의 영이 머문다." 메시아적 왕 위에 영이 "머문다"는 것은 왕에 대한 하나님의 성실하심과 하나님에 대한 왕 자신의 신뢰성의 표현이지 메시아 안에 있는 하나님의 '쉐이나'에 대한 표현은 아니다. 제2이사야는 하나님의 종에 대한 그의 노래에 특별히 '영과 법'의 관계를 나타내고 있다: 여기에 나의 종이 있다. 그는 내가 믿어주는 자, 마음에 들어 뽑아 세운 나의 종이다. 그는 나의 영을 받아 뭇 민족에게 바른 인생길을 펴 주리라(사 42:1). 끝으로 제3이사야는 장차 올 메시아를 전형적으로 하나님의 영을 담지하고 있는 자로 생각한다: "주 야훼의 영을 내려 주시며 야훼께서 나에게 기름을 부어 주시고"(61:1). 제3이사야도 메시아의 성령 받으심과 그가 가난한 자들, 고통을 당하는 자들, 사로잡힌 자들에게 베푸는 '자비의 법', 그리고 '종말의 안식일' 곧 고대로부터 사회적 정의와 생태학적 정의가 그것의 입법에 속하는 안식일의 선포를 결합시킨다. 종말의 궁극적이며 '영원한 안식일'은 왜 메시아가 민족들 가운데 법을 가져오며 왜 그가 하나님의 새 창조를 위하여 '모든 살아 있는 것들의 다시 태어남'을 시작할 것인지(사11:6 이하, 65:17, 66:22 이하) 그 근거가 된다.[102]

더욱이 구약성서의 메시아적 약속들은 그리스도의 출현과 그의 역사를 통해서 비로소 원칙적으로 성취되며, 성령의 종말론적 은사를 통하여 비로소 잠정적이고 부분적으로 성취된다. 그리스도를 통해서 그리고 성령 안에서 그들은 동시에 또한 우주적으로 능력을 부여받는다. 그것이 기독교가 아직도 이러한 메시아적 약속들

---

102) Moltmann, *Der Geist des Lebens*, 67.

의 성취를 기다리고 희망하는 이유다. 바로 예수가 약속된 메시아로서 믿어지고 그리고 그의 메시아적 통치가 이미 성령 안에서 체험됐기 때문에 아직도 성취되지 않은 구약성서의 약속들의 나머지는 신약의 토대에서 인정되지 않으면 안 되었다.103)

이처럼 구약성서의 메시아에 대한 표상은 법을 세우는 것과 바르게 세우는 것은 심판자의 적극적 행위들이며 정의로운 이 심판은 궁극적으로 또 온 세계적으로 메시아로부터, 곧 그 위에 주의 영이 머물 메시아로부터 기다려진다.104)

한편 신약성서의 공관복음서들은 예수의 모든 일과 역사를 그의 메시아적 사명과 관련하여 서술하고 있다. 예수의 메시아적 사명은 그의 전체 활동을 포함하며 제자들에 대하여도 포괄적 의미를 가진다.105) 또한 복음서들은 예수의 역사를 세상의 구원을 위해서 하나님으로부터 보냄을 받고, 새 창조의 성령으로 기름부음을 받은 메시아의 역사로서 말한다(눅4:18-19, 마11:5이하).106)

더욱이 모든 복음서들이 관련되어 있는 이스라엘의 약속사의 의미에 있어서 메시아는 공적인 존재이며, 메시아 시대에 있어서 메시아적 토라에 대한 그의 선포는 하나님의 온 백성과 관련된 것인 동시에 이 백성과 함께 땅 위에 있는 모든 백성들과 관련된 것이다.107)

구체적으로 마가복음서의 메시아 개념은 예수의 경험들, 곧 사람의 아들의 말씀을 통하여 표현되는 경험들을 통하여 새롭게 규

---

103) Moltmann, *Kirche in der Kraft der Geistes*, 158.
104) Moltmann, *Der Geist des Lebens*, 285.
105) Moltmann, *Kirche in der Kraft der Geistes*, 93.
106) Moltmann, *Der Geist des Lebens*, 69.
107) Moltmann, *Der Weg Jesu Christi*, 137.

정된다. 예수의 메시아 되심이 세례받을 때 일어난 성령받으심을 통하여 근거된다면, 이제 그것은 그의 죽음을 통하여 내용적으로 규정된다. 소위 말하는 "메시아 비밀"은 예수의 고난과 죽음 속에서 명백히 드러난다.[108]

즉 마가는 겟세마네로부터 골고다에 이르는 예수의 이 수난의 역사를 역설적으로 빌라도 앞에서의 공적 고백에서 완성되며 그의 십자가 처형과 "유대인의 왕"이라는 십자가의 명패에 이르는 예수의 성장하는 메시아 확신의 역사(Geschichte wachsender Messiansgewiβ heit)로 서술한다. 자기가 메시아라는 예수의 이 성장하는 확신은 아버지 하나님의 부재하심에 대한 경험 속에 있는 하나님의 영의 현존에 대한 분명한 표징이다. 예수는 자기 안에 계시며 함께 고난당하는 하나님의 영의 힘으로 하나님의 버리심을 받은 세계를 대하여 하나님의 버리심을 대신 당하며, 이를 통하여 세계에 하나님의 가까우심(Nähe)을, 다시 말하여 하나님과의 화해를 이 세계에 가져온다.[109]

또한 신약성서의 철저히 '메시아적인 시간 이해'는 묵시사상의 시간론을 전제하고 있다. 두 시대에 대한 표상의 배경 속에서 그리스도의 사건, 곧 예수의 죽음과 죽은 자들로부터의 부활은 결정적인 '시대의 전환'으로 파악되고 선포된다.[110]

묵시사상의 시간 이해에 대한 유일한 차이는 그리스도와 함께 그리고 그의 사귐 속에서 질적으로 새로운 이 미래가 이미 이 시대의 한 가운데에서 시작하였다는 데에 있다. 새 시대는 지나가는 이 시대 속으로 들어와서 이것을 지나가는 시대로 만든다.[111] 메

---

108) Moltmann, *Der Geist des Lebens*, 768.
109) Ibid., 77-8.
110) Moltmann, *Gott in der Schöpfung*, 132.

시아의 오심과 함께 메시아의 시대가 시작한다. 메시아 예수가 무력하게 십자가에 달려 죽었으며 부활한 분으로서 단지 그의 제자들에게 나타났다면, 이 메시아의 시대는 옛 시대가 아직도 작용하고 있는 가운데에서 일어나는 새 시대의 시작이다.[112]

그리고 메시아적 영광 안에서 그리스도의 오심과 함께 신약성서 안에는 세계의 종말이나 만물의 종말이 함께 나타난다(마 24:3 및 평행구: 벧전 4:7). 그래서 그리스도의 도래하는 파루시아는 보편적으로, 포괄적으로, 또 공적으로 기대되고 있다. 그의 도래 가운데 기대되는 세계의 종말은 원시 기독교에게는 단지 역사의 종결일 뿐 아니고 그리스도의 역사와 성령의 역사와 세계사의 이해를 위한 열쇠이다.[113]

그러므로 성서의 전통에 의하면 메시아적 해방은 하나님의 새로운 세계 안에 있는 구원으로 이끌어간다.[114] 또한 성서의 메시아적 희망들에 의하면 성령은 "모든 육위에 부어져야" 한다. 그리스도의 교회는 자기를 이 종말론적 사건의 역사적 시작으로 이해하며, 그가 성령을 부르고 성령에 근거할 때, 자기를 만물의 이 회복의 우주적 관련 속에 위치시킨다.[115]

---

111) Ibid., 133.
112) Ibid.,
113) Moltmann, *Kirche in der Kraft der Geistes*, 150.
114) Moltmann, 「신학의 방법과 형식」 279.
115) Moltmann, *Der Geist des Lebens*, 243.

3. 유대교 전통에서의 메시아

몰트만은 자신의 삶 속에서 경험된 세계 제2차 대전의 참전과 전쟁포로의 생활과 아우슈비츠의 유대인의 죽음에 따른 절망적인 현실에서 과연 하나님은 어디에 계신가에 대한 답변을 찾았다. 그 결과 유대 전통의 메시아에 대한 희망을 유태인 에른스트 블로흐(Ernst Bloch)의 희망의 철학에 영향을 받아 매료되어 성서의 약속의 신학과 묵시적 희망의 신학, 그리고 십자가의 신학에서 하나님의 열정에 관한 유대교적 표상을 발견하여 이스라엘 안의 하나님의 수난사를 가르치는 유대교 신학에 접근하게 되었다.

그러므로 몰트만의 신학에서 나타난 "메시아적" 개념에 대한 이해를 위하여 유대교 전통에서의 메시아에 대하여 살펴보는 것은 그의 신학적 배경을 이해하는 데 중요한 역할을 한다고 하겠다.

탈무드에 한 오래된 유대 이야기가 있다. 즉 한 랍비가 최후의 심판 날에 유대인은 어떤 질문에 대답해야 할 것인가를 깊이 생각했다. 세계를 심판하시는 이는 무엇을 보실까? 그 랍비는 곧잘 아주 자명하고 누구나 아는 것으로 간주했다. 곧 너는 너의 일에 충실했느냐, 너는 지혜를 사모했느냐, 너는 율법으로 너를 단련시켰느냐 등이었다. 그러나 돌연 그를 깜짝 놀라게 한 질문이 떠올랐다. 곧 너는 너의 메시아를 희망했나? 왜냐하면 메시아에 대한 기대는 본질적으로 유대의 신앙경험에 속하기 때문이다.[116]

기름부음을 받은 자, 즉 메시아를 묵시문학적 유대문헌에 이르

---

116) J. Moltmann, 「하나님 체험」 전경연 역 (서울: 한신대학출판부, 1982), 40.

러서 종말론적 인물로 부르게 되었고, 이 유대교의 종말론적 예언
자는 대략 다섯 가지로 변형되어 있다.[117] 첫째, 종말론적 예언자
로서 기적을 베푸는 자로 이해되었다. 여기서 기적은 예언자로서
보내심을 받았다는 것을 합법화하고 구원의 때가 시작되었다는
데 대한 증명이 된다. 둘째, 이미 말라기가 예언한 대로(4:5-6)
'다시 온 엘리야(*Elias redivivus*)'라는 종말론적 예언자가 있었다.
이 유형은 메시아의 선구자가 아니라 하나님의 길을 직접 예비하
는 자이다. 셋째, 마지막 때의 메시아적 예언자로 이해되기도 하
였다. 이 유형은 다윗적 메시아니즘과 왕조적 비메시아적인 종말
론적 예언자 사상의 혼합된 모습으로 나타났다. 넷째, 쿰란 공동
체에서는 신명기 18징 15~18절에 근거하여 미지막 때의 모세와
같은 예언자도 있었다. 여기서 의미 있는 점은 율법과 종말론적
예언자가 결합되었다는 것이다. 즉 예언자는 율법의 교사요, 바른
해석자라는 것이다. 다섯째, 기독교가 성립된 이후에도 유대교에는
종말론적인 '다시 온 모세(*Moses redivivus*)'의 사상이 나타났다.

이처럼 유대교적 전통에 따르면, 메시아 시대는 옛 세계의 죽음
의 고통과 새 세계의 탄생의 고통과 더불어 시작된다.[118] 또한 메
시아가 오실 때 우상들과 귀신들이 땅에서 사라질 것이다. 메시
아의 시대가 오면 형상 금지명령은 범세계적으로 성취될 것이다.
메시아의 시대는 세계를 너무도 명백하게 하나님의 세계로 알 수
있도록 변화시키기 때문에 인간의 오성은 형상 속에서 중복되어
있고(in Bildern verdoppelte) 이로써 소외되어 버린 세계를 버릴

---

117) 김광식, 「조직신학Ⅱ」 83-4.
118) J. Moltmann, 「삼위일체와 하나님의 역사」 이신건 역 (서울: 대한기독교서회,
　　　1998), 306

수 있으며 세계를 직접 경험할 수 있다. 하나님의 영광이 땅 위에 나타날 때, 하나님에 대한 "비유들이 없는 세계"가 생성할 것이다. 왜냐하면 이 세계 속에 거하는 하나님의 영광은 초상을 필요로 하지 않으며 초상으로 나타낼 능력도 없기 때문이다.[119)

한편, 중세기의 유대교에서는 다른 백성들에게 복음을 전하는 그리스도교가 하느님이 원하신 민족들의 세계의 메시아적 준비(*praeparatio messianica*)로 간주되고 인정되기도 하였다. 여기에서 몰트만은 그리스도교의 실존에 대한 유다교의 평가를 받아들이며 이 평가를 민족들의 세계를 넘어서서 자연에 이르기까지 확대하고자 하고자 하였다. 왜냐하면 그리스도교는 자연의 메시아적 준비(*praeparatio messianica naturae*)를 위해서도 존재하기 때문이다.[120)

근대에 이르러 제1차 세계대전으로 인한 유럽의 잔인한 자기파멸은 독일에 살고 있던 유대인 사상가들로 하여금 특별한 민감성과 함께 그들의 유대교로 돌아오게 하였으며, 이를 통하여 유대교적 메시아니즘으로 돌아오게 하였다. 그들은 도덕적 완전성을 향한 인류의 교육에 대한 이념과 역사의 완성의 이념을 버렸으며, 그들의 유대교 종교에서 구원에 대한 사상을 발견하였다.[121)

그리고 그들은 역사적 시간 곧 지금의 시간에 대한 하나의 새로운 관계, 종교적으로 규정되었으며 신학적으로 성찰된 관계를 찾았다. 역사에서, 궁극적으로 유럽의 역사에서 "절대 정신의 천년왕국론적 자기실현" 대신에, 그들은 유대교에서 언제나 재난의

---

119) Moltmann, *Der Geist des Lebens*, 315.
120) Moltmann, *Gott in der Schöpfung*, 25.
121) Moltmann, 「오시는 하나님」 70-1.

경험과 결부되어 있던 메시아니즘을 주장하였다.

이처럼 제1차 세계대전의 기독교적-휴머니즘적 재난에서 생성된 메시아적 사고는 에른스트 블로흐(Emst Bloch), 프란츠 로젠츠바이크(Franz Rosenzweig), 발터 벤야민(Walter Benjamin), 테오도르 아도르노(Theodor W. Adorno)를 통하여 재발견되었으며, 첫 번째의 재난을 훨씬 넘어서는 제2차 대전 후에는 칼 뢰비트(Karl Löwith)와 야곱 타우베스(Jacob Taubes)를 통하여 재발견되었다.[122]

이러한 재발견을 통하여 보편적인 유대교적 메시아니즘은 모든 민족의 하나님으로부터의 소외와 분리의 지양을 희망할 수 있었다. 메시아적 희망과 이스라엘의 파송의식이 결합될 때, 이 희망의 성취는 민족들에 대한 이스라엘의 파송의 성취일 수밖에 없으며, 따라서 이스라엘의 특별한 역사적 기능의 지양일 수밖에 없다. 메시아적 나라에 있어서 이스라엘은 역사적 이스라엘 이상의 것이다.[123]

---

122) Moltmann, 「삼위일체와 하나님의 역사」 292. 몰트만은 블로흐의 메시아사상은 사회주의를 총괄하는 전망과 내적인 동기로 보았으며, 민주주의적 사회주의는 오늘날의 자본주의의 비참 앞에서 메시아사상의 현재적인 역사적 형태로 보고 있다.

123) Moltmann, 「오시는 하나님」 262-63.

III. 몰트만 신학에 있어서 "메시아적" 개념의 신학적 배경

　몰트만에게 있어서 메시아적 개념의 출발은 홀랜드의 신학자 아놀트 반 룰러(Arnold von Ruler)의 "사도직의 신학"에 관심을 갖기 시작한 이후부터이다. 그리고 블로흐(Ernst Bloch)의 희망의 철학과의 만남으로 그 깊이를 더했다. 비록 무신론에 대한 비판적인 접근이었다고는 하나, 블로흐의 유대교적 메시아 개념에 영향을 받고 있음을 그 자신이 고백하고 있다.[124]

　또한 몰트만은 메시아 개념의 성서적 근거를 로마서 4장 17절에서 바울이 아브라함을 신앙의 아버지라고 부른 점에 두고 있다. 왜냐하면 약속의 하나님은 모든 사물들의 창조자요 죽은 자들을 살리는 자이기 때문이다. 바울에게 있어서 십자가에 달린 예수의

---

124) Moltmann, 「삼위일체와 하나님의 역사」 29.

부활과 함께 죽은 자들의 부활과 세계의 새 창조의 종말적 과정
이 시작한다.[125] 이러한 종말론적 창조는 부활과 삶의 창조의 과
정으로부터 시작하기 때문에 신약성서에서 창조자 하나님은 새로
운 메시아적인 이름을 얻는다. 즉 '예수 그리스도의 아버지', '죽
은 자들을 일으키는 하나님', '희망의 하나님'(롬15:13)이라는 이
름을 얻는다.[126]

그러므로 본 장에서는 몰트만 신학에 있어서 메시아적 개념의
신학적 배경을 고찰하기 위하여 우선 예수의 메시아적 표상의 인
식에 대한 몰트만의 언급을 고찰하고 나아가 이 메시아적 표상의
내적 인식을 연구함으로써 메시아적 세계 인식을 논한다.

1. "메시아적" 표상의 인식

몰트만에 의하면 영광중의 그리스도의 메시아적 현존은 표상
될 수 없다. 왜냐하면, 표상들이란 경험으로부터 형성되는 것이며,
우리는 이런 현존을 아직도 경험하지 못했기 때문이다. 세계종말
에 일어나는 사건들은 이야기할 수도 없다. 왜냐하면 사람들은 지
나간 것만 말할 수 있기 때문이다. 그가 영광 중에 메시아적으로
도래하는 것과 미래의 세계의 종말은 그래도 예기되고, 기대되고,

---

125) E. Käsemann, *Perspectives on Paul*, tr. Margaret Kohl (Philadelphia: Fortress Press, 1971), 79-101.

126) Moltmann, *Gott in der Schöpfung*, 79.

앞당겨 경험될 수 있다. 그의 도래와 세계종말은 그리스도를 회상
하는 데서, 타오르는 희망 안에서, 그리고 이 세상에서 겪는 고난
가운데 정의로 이루어지는 새 창조를 향해 절규하는 희망 안에서
기대된다. 그것들은 현재가 메시아에 대한 기대 중에 있기 때문에
앞당겨 경험된다.127) 그리고 메시아의 시대는 인간에 대한 영의
은사의 '부음'을 가져올 뿐만 아니라 노예 상태에 있는 모든 피조
물들의 '살아남'을 가져온다.128)

또한 '세계에 대한 메시아적인 인식'은 부활한 그리스도에 대한
신앙의 말로 표현된 희망으로부터 출발하며 포로가 되어 있는 피
조물의 슬픔과 자유에 대한 동경 속에서 상응하는 점을 발견한다.
신잉은 인간 속에서 폐쇄성과 죄로부터의 해빙을 일으키기 때문
에, 자연에 있어서도 삶의 체계들의 폐쇄성은 허무에 갇힌 자연의
"노예 상태"로 인식될 수 있다. 치명적으로 폐쇄되어 있는 자연은
폐쇄된 인간과 상응한다. 그 자신의 미래를 향하여 열려 있는 자
연은 새로운 삶의 희망을 향하여 열려 있는 인간과 상응한다. 인
간에게 있어서 이 새로운 방향정립은 희망으로 평가될 수 있으며,
자연에 있어서 그것은 보다 더 높은 복합성과 보다 더 중요한 삶
의 충만함을 향한 동요와 추진력과 충동과 동일시될 수 있다. 인
간과 자연은 그들의 상이한 차원에서 그들 자신의 운명을 가지고
있다. 그러나 노예 상태와 자유와 관련하여 그들은 공동의 역사
속에 있다.129)

그러므로 복음이 메시아 시대의 언어이듯이 우리는 세계와 주

---

127) Ibid., 148.
128) Moltmann, *Gott in der Schöpfung*, 110.
129) Ibid., 110.

의 만찬을 '메시아적 시대의 표징'이라고 일컫는다. 왜냐하면 주
의 만찬은 그리스도의 해방하는 고난과 죽음을 현재화시켜 주는
회상의 표징이기 때문이다.130)

이처럼 예수의 메시아적 표징을 보다 심도 있게 고찰하기 위해
서 필자는 메시아 희망의 생성 원인과 성서에 나타난 메시아 모
습의 발전 과정을 통하여 메시아적 기능의 발전과 사람의 아들,
메시아적 시간과 안식일에 대해 살펴볼 것이다.

1) '메시아적' 희망의 생성

몰트만은 우선 이스라엘이 가진 메시아 희망의 역사적 근원이
무엇인가를 질문함으로써 메시아적인 것에 대한 개념을 정의하고
있다. 즉 메시아 희망의 핵심은 이스라엘 백성이 하나님의 백성으
로 살아남고자 할 때 신학적으로 해석될 수밖에 없는 정치적 경
험이다. 메시아 희망의 주체는 시련받은 이스라엘 민족으로, 메시
아의 미래는 비록 그것이 마지막 날일지라도 메시아의 미래 역사
에 있다는 것이다.131) 예를 들면, 메시아적 희망이 생성된 것은
단지 이스라엘 왕들이 하나님의 기름부음을 인간적으로 그르친
데에 있는 것이 아니라 자비로우신 하나님의 이름으로 구원자 왕
권을 구성한 데에 있다는 것이다. 왜냐하면 이스라엘 백성이 단지
실망과 좌절을 경험하였기 때문에 메시아에 대한 희망의 상이 형

---

130) Ibid., 265.
131) Moltmann, *Der Weg Jesu Christi*, 30.

성하였다고 말할 수 없기 때문이다. 실재적 희망은 언제나 그 이전에 적극적인 회상을 가지며, 이 적극적인 회상을 우리는 구체적으로 다윗-시온의 전통에서 발견한다.[132)

또한 몰트만은 이러한 메시아 희망은 모든 과거를 억압과 억누름에서 해방하고 현재화시킬 것이라고 한다. 정복된 자들, 굴복된 자들, 노예가 된 자들의 역사 경험은 재난 경험인 동시에 구원에 대한 희망이요, 경험된 단절인 동시에 기다려지는 새 시작이요, 고통스럽게 당한 멸망인 동시에 희망하는 새 출발이다. 고통스럽게 당한 재난은 이미 나타난 상황의 전부를 희망케 할 뿐이다.[133)

그러므로 메시아적 희망은 세계 구원에 대한 자기만족의 환상이나 절망을 기부히고 전 세계를 항해 희망의 파건을 받아 하나님의 화해를 위해 봉사해야 한다는 지각을 일깨운다고 몰트만은 주장하고 있다.[134)

더욱이 하나님의 날에 있을 심판에 대해 일반적으로 타당성이 있는 사항들은 메시아 소망 속에서 이스라엘과 연관되어 있다. 메시아이신 왕은 이스라엘을 "정의와 의로 세우고 강하게 하고" 끝없는 평화의 나라를 세울 것이다(사9:6). 왜냐하면 그는 "정의로 가난한 자들을 판단하며 땅의 곤고한 자들에게 바른 판결을 선포할 것이기"(사11:4) 때문이다. 그는 의와 평화를 동물의 세계에까지 가져다줄 것이다. 그래서 이리와 양들과 함께 거하게 될 것이다(사11:6). 여기에서 언급되고 있는 하나님의 의는 상 주고 벌주는 의가 아니고 정의를 창조하고 확립하는 구원의 의(사1:27)라는

---

132) Ibid., 15.
133) Ibid.,
134) Moltmann, *Kirche in der Kraft der Geistes*, 147.

것이 명백하다.135)

2) 메시아 모습의 발전

(1) 메시아적 기능과 발전

메시아의 정의의 나라는 가난한 사람들만을 포괄하는 것은 아니다. 그는 하나님의 모든 창조 안에 평화를 가져올 것이며, 사람과 짐승, 짐승과 짐승 사이에 평화를 가져올 것이다.136) 여기서 이사야가 예언하는 메시아는 다윗을 회상함으로써 생성한다. 즉, 이사야 11장 1~9절은 "임마누엘" 희망의 상(象)을 메시아의 상(象)으로 심화시킨다. 이새의 뿌리에서 장차 오실 메시아는 진정으로 "기름부음을 받은 자"이다. 야훼의 영이 그 위에 거할 것이며 지혜와 슬기와 경륜과 용기와 주를 두려워함으로 무장시킬 것이다"(삼하23:2).137) 이에 보충하여 스가랴 9장 1~10절은 메시아가 예루살렘으로 입성하는 것을 기술함으로써 가난한 자들의 메시아의 모습과 그의 메시아적 평화의 나라에 모습을 묘사한다. 미가 4장 1~4절도 이와 유사하게 말한다.138)

예수 당시에도 이 같은 메시아 대망이 유대인들 사이에서 팽배하였을 뿐만 아니라, 메시아가 올 날이 임박했다는 믿음과 희망이 민간에 널리 퍼지고 있었다. 그리하여 여러 가지 메시아사상과 메

---

135) Moltmann, *Der Weg Jesu Christi*, 466-67.
136) Ibid., 26
137) Ibid., 25.
138) Ibid., 27.

시아 운동이 일어났다.[139] "거짓" 메시아적 인물들이 나타나서 환영을 받았으며(행5:36-37참조), 또 그러한 인물들을 믿는 믿음에 대하여 경고가 주어져야 했었다(막13:6 병행; 13:21-22병행).[140]

몰트만에 따르면 예수님은 많은 사람들을 믿음으로 인도하는 운동을 착수하였는데 그것이 그의 "메시아"활동이었다. 그는 그가 구약의 메시아적 약속을 성취시키는 것이라고 주장하였다(눅4:21; 마11:4-5). 그를 통해서 하나님의 나라가 이 세상에 실현된다(눅 11:20, 마12:28).[141] 또한 예수의 십자가의 못 박히심[142]과 피조물의 존재의 근거가 되는 부활하심으로써[143] 예수는 자유의 메시아로 이해되었다.[144] 십자가에 못 박히신 그분은 하나님 없이 부자유 속에서 사는 사람들로 하여금 자유와 삶을 직면케 하였다. 십자가는 자신의 죄와 이 세계의 권세로 인하여 야기된 예속 상태 안에서 새로운 자유를 창조하셨다. 오직 그의 십자가에 의해서만이 어둠과 죽음의 그늘 속에 사는 사람들에게 자유가 전달되는 것이다.[145]

이처럼 예수에 대하여 이스라엘 백성은 예수의 예루살렘을 메

---

139) 문상희, "신약 신학", 「성서와 기독교」 (서울: 연세대학교출판부, 1990), 180.
140) W. G. Kümmel, 「신약성서와 신학」 박창건 역 (서울: 성광문화사, 1987), 75-7.
141) G. E. Radd, 「신약신학」 이창우 역 (서울: 성광문화사, 1983), 205.
142) J. Moltmann, *Politische Theologie* 「정치신학」 전경연 역 (서울: 대한기독교서회, 1989), 47. 예수의 십자가형의 의미는 다음과 같은 세 차원에서 찾아야 한다. ①율법과 복음 사이의 변증법에서, ②종교적-세상적 척도와 다른 편 인간의 자유 사이의 갈등에서, ③버림 받은 것과 높임을 받은 것 사이의 변증법에서.
143) J. Moltmann, *Theologie der Hoffnung* (München: Kaiser, 1964), 272. *Theology of Hope* (New York and Evanston: SCM Press, 1967), 「희망의 신학」 전경연, 박봉랑 역 (서울: 대한기독교서회, 1989).
144) J. Moltmann, 「해방의 언어」 전경연 역 (서울: 대한기독교서회 1974), 82.
145) Moltmann, 「해방의 언어」 182.

시아적 입성으로 환영하였음이 분명하다: "호산나! 주의 이름으로 오시는 이여, 찬미받으소서! 우리 조상 다윗의 나라가 온다. 만세!"(막11:10병행구)[146] 그러나 대제사장 앞에서 자기가 메시아라고 예수가 노골적이며 직접적으로 고백한 것은 하나님 모독으로 간주되었다. 심판자들은 스스로 죄에 대한 증인이 되었다. 물론 이것은 신명기 13장의 좁은 의미에서 거짓 예언자나 백성의 유혹자의 모독일 수는 없었다. 왜냐하면 예수가 "다른 신들"을 섬겼다고 고발되지 않고 자기를 메시아로서 전능하신 하나님 자신과 동격화시켰다고 고발되었기 때문이다.[147]

그리고 예수가 정말 기대된 메시아였다면, 성전에 대한 그의 말과 자기고백은 하나님 모독으로 생각될 수 없었다. 만일 그가 기대된 메시아가 아니었다면, 자기가 메시아라는 예수의 요구는 그를 메시아로 삼지 아니한 하나님의 모독으로 생각될 수 있었다. 왜냐하면 자기를 메시아라고 거짓 주장하는 자는 하나님의 거짓말을 책망하며 이러한 방법으로 가장 높으신 이를 모독하기 때문이다.[148]

예수가 체포된 날 밤의 심문에 의하면 예수는 정말 자기를 이스라엘의 메시아로 간주하였고, 많은 점들이 이것과 반대되었음에도 불구하고 양보하지 않았다. 그러므로 그는 하나님을 모독하는 거짓 메시아로 심판을 받았던 것 같다. 그럼에도 불구하고 그는 정치적으로 아주 위험한 인물로 간주되었다.[149]

---

146) Moltmann, *Der Weg Jesu Christi*, 234. 몰트만의 주장에 반해 민중 신학자 안병무는 예수가 유대교에서 말하는 전통적인 의미의 메시아가 아니었음을 주장한다. 안병무, 「갈릴래아의 예수」 (천안: 한국신학연구소, 1990), 40.
147) Ibid., 236.
148) Ibid.,

예수에 대한 죽음의 선고는 로마의 지방장관 빌라도에 의하여 로마 제국의 이름으로 선언되었다. 십자가의 제명은 정치적 죄명을 가리키고 있다. "유대인의 왕"이란 제명은 이스라엘의 유대인 메시아에 대한 로마인들의 표현이다. "예수의 메시아 주장은 로마의 통치권에 직접적으로 저촉되는 범죄였다. 그것은 로마의 사법부에 의하여 심판받을 수밖에 없었던 *seditio*(반란)을 의미한다.[150]

그러므로 몰트만은 예수의 복음의 특수성은 그가 오늘날 그의 현재와 그의 지금 안에서 메시아적 때의 출현을 선포하는 데 있다고 주장한다. 예수의 복음 선포와 그의 인격은 종교적, 철학적 또는 도덕적 교설이 그것들을 주창한 인간과 분리될 수 없는 것과 같이, 서로 나누어지는 것이 아니다. 그의 메시아적 때의 에고의 권리와 그의 선포의 진리는 그의 인격과 결부되며, 양도될 수 없다.[151]

또한 그리스도의 복음의 선포는 그리스도의 역사를 내용과 전제로 가진다. 복음은 그리스도를 메시아적인 왕국과 그 가능성의 주님으로 선포하며, 그 자체가 메시아적 시대의 최초의 가능성과 최초의 표징이다.[152]

"당신이 하나님의 아들이거든……" 예수의 메시아적 왕권이 시험대에 오르며 이 시험에서 정확하게 정의된다. 그것은 굶주린 군중들을 위한 빵이 없는, 예루살렘의 해방과 폭력적 통치 없는 메시아적 왕권이어야 한다. 이로써 그의 수난의 길이 예고된다. 예

---

149) Ibid., 237.
150) Ibid.,
151) Moltmann, *Gott in der Schöpfung*, 97.
152) Ibid., 244.

수가 폭력적 통치의 경제적, 정치적, 종교적 수단 없이 그의 메시
아적 성령 받으심을 고수한다면, 그는 그를 대적하는 폭력들을 당
할 수밖에 없으며 따라서 아무도 힘이 없이 죽을 수밖에 없다. 그
러나 이것은 성령을 통하여 "인도되는" 길이요 그의 메시아 되심
을 확신하게 되는 길이다. 이 길의 과정에서 그는 하나님의 영이
그에게 부여하는 메시아적 기능을 이해하게 된다.[153]

(2) 사람의 아들(인자)

몰트만에 의하면 사람의 아들에 대한 기다림은 유대교의 묵시
사상에 속하는데, 예언자 다니엘과 연결된다. 주전 2세기의 본문
인 다니엘서 7장에 기술된 사람의 아들의 모습은 간단히 "한 인
간의 아들"이다. 그는 인간이라는 종의 개별적 예(Einzelexemplar)
이며, 부분을 통하여 전체를 나타내는 개별자요, 인간의 규정을
하나님의 형상으로 실현함으로써 인간의 얼굴을 가진 하나님을
계시하는(겔1:26) 개별자이다.[154] 그러나 묵시사상의 희망에 있어
서 이스라엘의 메시아 희망은 너무도 보편적인 것으로 확대되어
이스라엘의 특수한 약속과 그 자신의 역사는 사라지고 창조의 근
원적인 지평이 나타난다.[155] 다니엘서의 환상들에 대한 해석에 있
어서 몰트만은 "사람의 아들"이 "지극히 높으신 분"으로 대치된다
면, 이스라엘의 희망이 보편적인 인류의 희망 속에 다시 도입되어
야 할 것이라고 주장한다.[156]

---

153) Moltmann, *Der Geist des Leben*, 74-5.
154) Moltmann, *Gott in der Schöpfung*, 223-30.
155) Moltmann, *Der Weg Jesu Chrisit*, 31-2.
156) Ibid,. 33. 쿨만에 따르면 사람의 아들(인자)이라는 말이 복음서에서처럼(막 2:

이러한 메시아에서 사람의 아들로서의 발전은 구약성서의 메시아론이 가진 중요한 전승이다. 그러나 신약성서가 수용한 이스라엘의 약속들과 희망들을 고려할 때, 이것은 유일한 것은 아니다. 메시아를 왕으로 보는 전승 외에 제사장적이며 예언자적 메시아 전승이 있기 때문이다.157)

다윗 약속은 제사장적인 왕에 대하여 말한다. 이에 비하여 예언자의 전통은 보다 더 본질적이며 보다 더 강하다. 왜냐하면 예언자의 전통은 신명기 18장 9~22절에 따라 모세를 모든 예언자의 원상으로 보고 그를 모든 예언의 기준으로 삼기 때문이다. 즉 이스라엘에 있어서 하나님과 백성을 근원적으로 또 본질적으로 중재하는 것은 모세로부터 시작하는 예인이지 왕권이 아니다. 모세가 받은 약속은 하나님이 "마지막 날"에 역사의 노예 상태로부터 영원한 본향의 나라로 해방시키는 종말론적 출애굽을 위하여 한 새로운 모세를 일으킬 것이라는 약속으로 이해되었는데, 이 약속은 쿰란 공동체에서 전승되었다.158)

역사적으로 예루살렘이 파괴되면서 이스라엘의 왕권이 끝났고 성전의 제사장직도 잠정적으로 중단되었다. 다만 예언자들만이 바

28; 마 12: 32) 일반 사람들을 가리키는 경우도 있으나, "인자의 날(눅17: 22)", "인자의 임함(마 24: 27, 37)", "하나님의 영광으로 거룩한 천사들과 함께 올 인자(막8: 38)", "최후심판의 심판주로서의 인자(마 25: 31-46)"에서 사용되고 있는 종말론적 역할을 담당하는 인자는 결코 일반 사람들 모두를 가리키는 것으로 볼 수 없고 오직 예수만을 가리킨다고 주장한다. 오스카 쿨만, 「신약의 기독론」 김근수 역 (서울: 나단, 1988), 215. '사람의 아들'에 대한 보다 자세한 사항은 김세윤, 「하나님의 아들로서의 인자」 (서울: 엠마오, 1992)참조.

157) N. Füflister, *Alttestamentliche Grundlagen der Neutestamentlichen Christologie; in Mysterium Salutis*, ed. J. Geiner / M. Löhrer, 3 / 1, Einsiedeln 1970, 107-226.

158) Moltmann, *Der Weg Jesu Chrisit*, 36.

벨론 포로로 끌려가는 백성들을 따라갔다. 그곳에서 그들은 "하나님의 새로운 종"을 바라는 염원을 가졌다(사40~55장). 이 새로운 "하나님의 종"은 예언자적 영도자 모세를 능가하는, 출애굽의 예언자인 동시에 화해의 제사장이요 구원의 희생 제물이다.[159)

그러므로 이 새로운 "하나님의 종"은 공관복음서에서 예수를 구원의 희생 제물로서 하나님의 메시아적 나라에 세웠고, 그 자신을 하나님의 아들로 알게 했다.[160) 바울의 신학에서도 소위 메시아적 교회 안에만 메시아의 현재에 이미 미래가 출현하고 있다.[161) 또한 이스라엘의 메시아로서 예수는 다른 민족들의 구원자가 된다(롬15장). 예수 안에서 이방인들은 이스라엘 자신과 메시아의 형태를 가진 이스라엘의 온 역사를 만난다.[162)

예수가 자기를 사람의 아들과 간접적으로 동일시하였던 것이 예수 자신에게로 돌아간다면, 다니엘서 7장의 희망이 그의 메시지 안에 현존한다고 볼 수 있다. 그의 나라가 시작할 때, 제자들이 그의 오른편에 앉을 것을 그들이 기다렸다는 이야기는 메시아적 성격의 것이다. 요한계시록 20장 3절에서 천년왕국에 대한 기다림이 말하는 것처럼, 사탄이 "번개와 같이 하늘로부터" 떨어질 때, 그는 그의 힘을 잃어버린다. 사탄의 추방은 메시아가 땅 위에 오심에 대한 표징이다.[163)

---

159) Ibid., 36-8. 몰트만은 "고난당하는 하나님의 종이 이스라엘 예언의 메시아적 완성"으로 강조하고 있다.
160) Moltmann, 「하나님 체험」 51.
161) Moltmann, 「정치신학」 17. "예수님의 출현에 대하여 기독교의 선포가 옳다고 바울은 증거하였는데 예수님은 죽은 자 가운데서 다시 살아나셨으며, 따라서 메시아임에 틀림없고 또 메시아일 뿐만 아니라 동시에 하나님의 아들이다(행 9:20)라는 사실을 바울은 입증해 주었다." G. E. Ladd, 「신약 신학」 509.
162) Moltmann, *Der Weg Jesu Christi*, 54.

(3) 메시아적인 시간과 안식일

몰트만은 의심할 수 없이 명백한 메시아 시대의 선취가 역사의 시간 가운데에 있다고 주장한다. 그것은 안식일이다. 매주마다 오는 안식일은 인간과 짐승이 쉴 수 있는 하나님의 안식 속에서 일어나는 창조의 잔치를 현재화시킨다. 이 안식일의 현재 속에서 창조의 잔치, 해방의 잔치, 구원의 잔치가 동시에 거행된다.164)

이처럼 안식일이 메시아 시대를 미리 맛보게 해주는 것(Vorgabe)이라면, 장차 올 메시아의 시대는 끝이 없는 안식일이라 말할 수 있다. 그것은 온 이스라엘이 안식일을 지킬 때 메시아가 올 것임을 뜻한다.

그러므로 안식일은 그 자신을 넘어서 안식년을 가리킨다. 안식년은 그 자신을 넘어서 희년을 가리키며, 희년은 메시아 시대의 안식일을 가리킨다. 메시아 시대의 안식일은 하나님의 영원한 안식일을 가리킨다.165) 이를 통하여 안식일은 인간과 자연을 메시아의 전혀 다른 시간의 도래에 대하여 개방시킨다.

또한 안식일 축제는 일종의 메시아적 시대의 사크라멘트(sacrament)이다. 장차 올 자는 규칙적인 안식일과 안식년을 거치면서, 말하자면, 시간을 그의 기대의 메시아적 진동 안으로 옮겨 놓는다. 사바트(sabbath)는 노동시간의 연속 안에 있지 않고, 인간이 휴식하게 되고, 동물을 쉬게 하는 일, 가운데서 그것을 깨뜨리는 곳에 있다. 이를 통하여 사바트는 인간과 자연을 메시아의 전혀 다른 시간으로 개방시킨다. 그것은 그들로 하여금 허무한 것

---

163) Moltmann, 「오시는 하나님」 265-66.
164) Moltmann, *Der Weg Jesu Christi*, 50.
165) Ibid., 51.

가운데서 메시아의 도래를 준비하게 한다. 재앙의 묵시주의의 요
란한 메시아사상과 혁명적 유토피아주의의 메시아사상과 달리 사
바트는 조용하지만 집요하고, 그래서 영속적인 메시아주의이다.
그것은 일상생활 속에서 오고, 눈에 띄지 않는 삶의 경험 안으로
구원의 꿈을 가져온다.[166]

예수께서 제자들과 멸시받은 자들과 함께 지키신 메시아적 축
제는 단지 심령이 하나님과 함께 갖는 혼인잔치일 뿐 아니고 동
시에 이 땅에서의 축제이다. 그것은 그의 공개된 우정의 내적 근
거이기 때문에 우정의 전체를 대표할 개념, 곧 심령과 몸, 같은
부류와 다른 부류를 다 포섭하는 포괄적인 개념을 발전시켜야 한
다.[167]

나아가 이스라엘은 안식일을 그의 역사의 시간 속에서 축하한
다. 그러나 매 주일 반복되는 안식일은 노동의 시간과 삶의 시간
을 중단시킬 뿐만 아니라 그 자신을 넘어서서 인간과 인간, 인간
과 자연의 근원적 관계가 하느님의 계약의 의에 따라 회복되어야
할 안식년을 가리키고 있다. 그리고 역사 안에서 이 '안식년'은
그 자신을 넘어서서 '메시아 시대'의 미래를 가리키고 있다. 즉,
모든 안식일은 세계 구원의 거룩한 선취이다.[168]

메시아적 안식일의 선포와 함께 나사렛 예수의 공적 활동이
시작되었다.(눅4:18이하) 그리스도의 견해에 의하면 자신을 죽음
에 내어준 그의 헌신과 부활을 통하여 그가 선포한 메시아의 시
대가 효력을 발휘하기 시작하였다.[169]

---

166) Moltmann, 「오늘 우리에게 그리스도는 누구신가?」 147.
167) Moltmann, *Kirche in der Kraft der Geistes*, 137.
168) Moltmann, *Gott in der Schöpfung*, 22.

결국 예수가 선포한 하나님 나라는 이스라엘이 지켰던 하나님의 해방의 해(레25장)에 대한 회상과 메시아적 해방에 대한 예언자적 희망(사61:1-2)과 결부되어 있다.170) 즉 약속된 메시아적 예언자가 이사야 61장 2절에 따라 "주의 은혜의 해"를 선포한다면, 이것은 레위기에 기록되어 있는 모세의 율법을 넘어선다. 메시아적 자유의 해는 메시아적 시간의 시작이요 이 시간은 끝이 없는 시작이다.171)

왜냐하면 예수가 모세의 율법을 절대화시킨 것은 하나님의 나라에 있어서 하나님의 경제에 대한 이 율법의 새로운 메시아적 해석을 보여주는데, 모세의 율법에 비하여 예수는 12개월의 정해진 기간을 가진 자유의 해를 신포하는 깃이 아니라 끝이 없는 메시아적 안식일을 선포하기 때문이다.172)

그러므로 새로운 창조가 시작되는 이 시간을 몰트만은 '메시아적'인 '시간'이라고 부른다. 왜냐하면 그것은 보편적인 성취의 시간은 아니지만 확립된 희망의 시간이기 때문이다. 이 시간을 또한 그는 '종말론적 시간'이라고 부른다.173)

3) 사람의 메시아적 소명

공관복음서에 의하면 예수의 메시아적 소명은 하나님의 영 가

---

169) Ibid.,
170) Moltmann, *Kirche in der Kraft der Geistes*, 130.
171) Moltmann, *Der Weg Jesu Christi*, 178.
172) Ibid., 179.
173) Moltmann, *Gott in der Schöpfung*, 187.

운데서 세례를 받음으로 시작된다.[174] 세례와 소명을 통하여 예수
가 얻게 된 계시의 내용은 오직 그만이 유일하게 사용한 아바 나
의 아버지라는 하나님의 이름에 있다. "아바(Abba)"라는 이름은
하나님이 가진 아버지의 지배권을 강조하는 것이 아니라, 말할 수
없는 내적인 친밀성을 강조한다.[175] 바울과 요한은 부활절 이후의
견지에서 예수의 이 소명을 관찰하고 이 소명에서 하나님 아버지
를 통한 예수의 영원한 파송을 발견한다. 파송의 양식은 예수의
소명에 역사로서 존재한다.[176]

그러므로 로마서 8장 29절에 의하면 신자들은 "아들의 형상"을
닮으며 예수의 뒤를 따름으로써 그의 메시아적 형태로 자란다.[177]
즉 예수를 하나님의 그리스도로 아는 사람은 "되어감"(Werden)
속에 계신 그리스도를 인식하며, 예수의 뒤를 따르면서 이 그리스
도의 길을 걷는다.[178] 바로 그러기 때문에 아직 구원받지 못한 이
세계의 역사 속에서 말하는 그리스도에 대한 모든 고백은, 모든
혀가 아버지의 영광 속에서 그를 고백하게 될(빌2:11) 새 창조의
앞당겨 옴(Vorgriff)을 뜻한다.[179]

그러나 올 것에 대한 메시아적 중재를 기독교적으로 이해하는
데 있어서 선취와 저항은 대속 및 자기포기와 결합돼 있다. 선취
가 올 것 전체의 단편적 선취를 표현한다면 선취된 바로 그 부분
은 현재 속에서 전체에 선행할 뿐 아니라 그와 동시에 전체를 위

---

174) Moltmann, *Trinität und Reich Gottes*, 7.
175) Ibid., 69.
176) Ibid., 71.
177) Moltmann, *Gott in der Schöpfung*, 232.
178) Moltmann, *Der Weg Jesu Christi*, 49.
179) Ibid., 50.

하여 보증하게 된다. 그러므로 선취란 언제나 다른 사람들과 다른 사물들을 위해 올 것에 대한 선취이다.[180]

선취, 저항, 대속. 자기포기라는 용어를 종말론과 역사의 메시아적 중재 범주로서 정의할 때 우리는 또한 가능한 것의 한계를 인식해야 한다. 바울에 의하면, 역사 속에서 전개되는 메시아적 활동의 한계는 곧 죽음이다. 우리는 의롭다 인정하는 신앙을 통해서 이미 죄의 육(롬 7장)으로부터 해방됐다. 그리하여 우리는 삶의 새로움에 의해 새로운 복종 속에서 살아가게 된다(롬 6장). 그러나 우리는 아직도 죽음의 육을 입고 살고 있으며 피조물 전체와 더불어 열렬하게 육의 구원(롬8)을 기다리고 있다. 그렇지 않다면 메시아의 활동은 더 이상 역사 속에서의 활동이 아닐 것이요, 하나님의 나라 속에서 전개되는 자유로운 운동일 것이다.[181]

나아가서 인간은 장차 올 하나님의 영광에 참여하도록 부르심을 받고 그 영광 안에서 초조히 미래를 기다리는 전 피조물은 결국 쇠퇴해 버릴 본질로 말미암아 종노릇하던 데서 해방될 것이다(롬8:18). 복음의 말씀으로 받은 소명은 한 사람을 하나님 없이 사는 모든 조건에서 해방한다. 그러나 그것은 사람을 생명에로 인도하고 전 피조물을 하나님의 나라에 이끌어갈 하나님의 계명 아래 세운다.[182] 왜냐하면 사람의 메시아적인 사람됨은 끝나지 않았고 또 끝날 수 없기 때문이다. 새 땅과 새 하늘에서 이러한 죽음의 종말론적 파괴와 몸의 구원의 과정을 거쳐 사람됨의 과정을 완성하며, 그의 신적 규정을 성취하기 때문이다.[183]

180) Moltmann, *Kirche in der Kraft der Geistes*, 216.
181) Moltmann, *Kirche in der Kraft der Geistes*, 216-17.
182) J. Moltmann, 「희망의 실험과 정치」 전경연 역 (서울: 대한기독교서회, 1977), 109.

결과적으로 몰트만에 의하면, 메시아인 그리스도가 '처음 태어난 아들'이며 아버지 하나님의 형상으로서 많은 형제자매들 가운데서 처음 태어난 자이다. 그러므로 그리스도의 형상(*imago Chrisiti*)으로서의 사람은 자녀 신분을 얻으며, 예수 그리스도의 아버지는 그리스도의 형제 신분 속에서 그들의 아버지도 되신다. 신적인 삼위일체는 아들을 통하여 자기를 사람들에게 개방한다. 아들로 사람이 되며 땅 위에서 하나님의 근원적인 형상이 된다.184)

그리고 예수의 메시아적 소명은 그의 선포가 증명하듯이(눅 4:18이하), 그는 하나님의 나라가 돌입하는 가운데서 메시아 시대, 종말 시의 희년을 선포하기 시작한다. 그가 행하는 표적과 기적은 메시아적인 시대전환의 표적과 기적이다. (삿35:4).185)

이와 함께 메시아 예수와 같은 모습을 향한 사람의 종말론적 소명은 사람을 새 창조의 종말론적 역사로 인도한다. 다시 말하여 소명에서 칭의로, 칭의에서 성화로, 성화에서 영화로 인도한다. 장차 올 하나님의 영광이 부활한 메시아의 얼굴에 빛나는 것처럼 성령으로 충만한 신자들은 이미 여기에서 "가려져 있는 얼굴로" 하느님의 영광을 반사한다. 강한 종말론적 성향이 메시아적인 현재를 성취한다.186)

자기를 거역하는 형상에 대한 하느님의 성실하심의 이 은혜는 그리스도를 통한 사람의 메시아적 소명을 가리키며 이 소명 속에서 표현된다. 그러므로 '하느님 형상'의 완성은 하느님과 사람의

---

183) Moltmann, *Gott in der Schöpfung*, 233.
184) Ibid., 247
185) Ibid., 44.
186) Ibid., 330.

역사가 그 목적에 도달할 때 이루어진다.187)

그리스도와 성령의 메시아적 사명의 종말론적 의미는 하나님의 영광과 세계의 해방에 있다. 그것은 하나님이 피조물의 해방과 구원을 통해서 영광을 받고 그리고 그의 해방된 피조물 없이는 영광을 받으려고 하지 않는 그런 방식에서이다.188)

만약 민족들 사이에 메시아적 시대를 준비하고, 오고 있는 구원을 위한 길을 준비하는 것이 기독교의 특별한 소명이라면 어떤 문화도 배척되거나 어떤 종교도 소멸되어서는 안 된다. 그와는 반대로 그들의 대부분은 카리스마적으로 성령의 힘 속으로 흡수되고 변화될 수 있다. 그들은 그 과정에 있어서 조직화되지는 않을 것이고 또 그들은 기독 교화하지도 않을 것이다. 그러나 하나님 나라를 향해 메시아적으로 방향 지을 것이다. 이렇기 때문에 다른 종교의 사람들 그리고 다른 종교들 그 자체들은 그들과 더불어 가능성과 능력의 부를 준다. 그리고 기독교는 이들을 억압해서는 안 되고 그들을 희망으로써 채워야만 한다. 그렇게 할 때만 세계 종교들의 대화는 특정한 종교나 종교적인 생활을 하지 않고 근본적으로 해방, 삶 그리고 구원을 요구하는 사람들을 위한 희망의 표적이 될 수 있다. 기독교에 있어서 세계 종교관들과의 대화는 오고 있는 하나님 나라를 위한 전체 피조물의 해방의 광범위한 계획의 한 부분이다. 그것은 이스라엘과의 대화와 같은 맥락 그리고 자유인, 정의파 및 살기 좋은 세계를 위한 정치적 및 사회적 고난의 범위 안에 속한다. 기독교의 대화의 면모는 세계 종교들의 가능성과 힘 안에 있는 자유롭게 하고 구원하는 하나님 나라의

---

187) Ibid., 337.
188) Moltmann, *Kirche in der Kraft der Geistes*, 73.

미래로 전환되지 않으면 안 된다. 그것은 기독교가 다른 종교들과
의 대화에서만 얻을 수 있는 한 면모다.[189]

2. 메시아적 표상의 내적 근거

몰트만은 신학 속에 하나님과 그의 나라에 대한 환상도 언제나
포함된다고 한다.[190] 즉 종말론적 방향을 가진 신학은 미래의 메
시아적 상상력에 의존하며 이 상상력을 자유롭게 한다.[191] 또한
메시아적 표상의 내적 근거는 근원적인 의미에서 그리스도교적인
것을 '메시아적'인 것으로 이해하며, 이 메시아적인 것은 예수의
선포와 그의 역사를 통하여 규정되어 있다고 한다.[192]

그러므로 메시아적 표상의 내적 근거는 세계를 메시아 예수의
빛 아래서, 그리고 그를 통해 시작되고 규정된 '메시아적 시대'의
관점에 따라 파악한다. 그것은 인간의 해방과 자연의 해방, 그리
고 부정적인 것과 죽음의 세력들로부터 인간과 자연의 사귐과 구
원하는 것을 지향한다. 이 메시아적 표상의 내적 근거는 그것을
위해 창조되었고 그 안에서 완성된 그의 미래와 함께 창조를 관
찰한다. 이 관찰 속에서 자고로 미래의 영광의 나라로 표현되어

---

189) Ibid., 183.
190) Moltmann, *Gott in der Schöpfung*, 19.
191) Moltmann, *Theologie der Hoffnung*, 14. 또한 몰트만은 "종말론은 기독교 희
    망론을 의미하며 메시아에 의해서 일어나는 고통과 수난이다."라고 주장한다.
192) Moltmann, *Der Weg Jesu Christi*, 18.

왔다.193)

그러나 이제까지의 교의학은 창조와 구원, 창조와 계약, 자연과 초자연, 필연과 자유 등 이원적인 입장에서 논술되었다.194) 따라서 "은혜는 자연을 파괴하지 않고 오히려 자연을 전제하며 완성한 다"(*gratia non destruit, sed praesupponit et perficit naturam*)는 명제가 생겼다. 여기에 몰트만은 이 명제의 후반부를 다음과 같이 변증법적으로 새롭게 표현하고 했다. 즉 "은혜는 자연을 완성하는 것이 아니라, 영원한 영광을 향하여 준비시킨다"(*Gratia non perficit, sed praeparat naturam ad gloram aeternam*). "은혜는 자연의 완성이 아니라, 하나님 나라를 향한 세계의 메시아적 준비 이다"(*Gratia non est perfectio naturae, sed praeparatio messianica mundi ed regnum Dei*)195)

이러한 명제는 하나님의 은혜가 그리스도의 부활 안에 있다는 데서 출발하여, 그의 부활은 세계의 새 창조의 시작이라는 것을 연역해 낸다. 이것은 우리가 자연은 물론 은혜도 성취하며, 이미 여기에서 자연과 은혜의 관계를 규정하는 하나님의 영광과의 관계에서만 위임의 관점에서 말할 수 있다는 것이다. 나아가서 하나님의 역사적 계약이 아니라 그 역사적 계약을 통하여 약속되고 보증되는 장차 하나님의 영광의 나라가 메시아적 표상의 내적 근거라고 말할 수 있는 것이다. 더욱이 그리스도인의 존재 자체가 인간 존재의 완성이 아니라 인간 존재의 가능한 미래의 완성을 향한 메시아적인 길을 제시한다는 것이다.196)

---

193) Moltmann, *Theologie der Hoffnung*, 18.
194) 김광식, 「조직신학 Ⅰ」(서울: 대한기독교서회, 1988), 253.
195) Moltmann, *Gott in der Schöpfung*, 21-2

이와 같은 메시아적인 활동 속에서 우리가 사고할 경우, 몰트만은 "과거의 위대한 신학적 이원들(Duals)은 그들의 단순한 대칭으로부터 자유롭게 되고 상대화되며, 메시아적인 활동 속에서 상호보완하는 것으로 파악된다."고 하였다.197) 또한 그들은 더 이상 상호 간의 부정을 통하여 정의되지 않고, 오히려 그들의 다양한 관계 속에서 공통된 제3의 것을 향하여 규정된다. 대립 속에 경직된 개념들의 두 가지 면들이 하나의 동일한 과정의 상호 보완적인 측면으로 이해될 때, 이 개념들은 살아 움직이는 것이다. 자유와 필연성, 은혜와 자연, 계약과 창조, 그리스도인의 존재와 인간 존재의 이러한 방법으로 보다 더 정확하게 인식될 수 있고 보다 더 잘 규정될 수 있다.198)

이러한 메시아적 표상의 내적 근거와 함께 몰트만은 매우 조심스럽게 최후의 심판과 만인구원론에 대해서 다음과 같이 말하고 있다

최후의 심판은 어떤 경우이든 모든 사물의 새로운 창조가 비로소 시작되는 순간이고, 이런 과정성 속에서 이해되어야 한다. 그 심판은 종말이 아니고 시작이다. 우리가 이 심판을 이해하게 되면 자연스럽게 만인구원(Allversöhnung)의 문제와 사탄의 구원의 문제가 등장한다. 그러나 이 만인구원론은 심판에 대한 긍정적 신뢰를 확산시키기 위해 긍정되어서는 결코 안 된다. 이것은 상황의 심각성을 첨예하게 하기 위해 믿는 자들과 하나님을 알지 못하는 자 사이의 이중적 심판을 거의 긍정할 수 없는 것과 마찬가지이다. 산 자와 죽은 자에 대한 그리스도의 심판이 어떻게 나타날지는, 즉 모든 이가 구원받을지 소

196) Ibid., 22
197) Ibid., 23
198) Ibid., 25.

수만이 구원받을지의 문제에 대한 답은, 그 심판이 예수의 심판이라
는 것이고, 그리스도인들은 우리가 알고 믿고 있는 예수 그리스도의
복음의 빛 속에서만 이 심판을 기다릴 수 있을 뿐이라는 답이다. 예
수 그리스도는 목 베기 위해서(hinzurichten) 오시는 것이 아니고, 살
리기 위해서 오신다. 이것이 그리스도의 심판에 대한 기다림을 해석
한 메시아적 해석이다.199)

3. 메시아적 세계 인식

몰트만은 그리스도교의 메시아론은 단 한 번밖에 없는 예수의
형태, 그의 사신, 그의 특별한 하나님 역사를 통하여 형성된 것인
데, 우리는 그것을 구원받아야 할 인간과 오시는 하나님을 위한
그의 기능을 나타내는 칭호로 이해해야 한다는 것이다.200)

더욱이 세계에 대한 메시아적 인식은 부활한 그리스도에 대한
신앙의 말로 표현된 희망으로부터 출발하여 포로가 되어 있는 피
조물의 슬픔과 자유에 대한 동경 속에서 상응하는 점을 발견한
다.201) 또한 신앙은 인간 내면에서 폐쇄성과 죄로부터의 해방을
일으키기 때문에 자연에 있어서도 삶의 체계들을 폐쇄성은 허무
에 갇힌 자연의 "노예 상태"로 인식될 수 있다. 그리고 그 자신의
미래를 향하여 열려 있는 자연은 새로운 삶의 희망을 향하여 열

---

199) Moltmann, *Der Weg Jesu Christi*, 470.
200) Ibid., 21.
201) Moltmann, *Gott in der Schöpfung*, 82.

려 있는 인간과 상응한다.202)

나아가 이러한 메시아적 세계 인식은 인간 실존의 근거를 하나
님과의 올바른 관계정립으로 규명한다.203) 즉 하나님은 자기 자신
을 낮추시고, 고통을 견디어 내시고 살인적인 공격성을 자신이 짊
어지시고 또 타인의 멸시를 강요하는 억압자를 해방하기 위하여
몸소 희생하였다.204) 이것을 몰트만은 다음과 같이 강조하고 있다.

> 십자가에 달린 그리스도 안에 계신 하나님을 인식하는 것은 하나
> 님의 삼위일체적 역사를 이해하는 것과 자기 자신과 전 세계를 그들
> 의 고통, 그들의 신음과 함께 하나님 역사 가운데 이해하는 것을 의
> 미한다.205)

그러므로 메시아적 세계 인식은 참된 인식으로 인식된 것을 소
유하기 위하여 지배하고자 하지 않는다. 오히려 그것은 인식된 것
과의 사귐을 가지고자 하며, 이때 '서로 교통하는 인식'이 된
다.206)

또한 역사 안에 있는 것은, 동반하여 일어나는 표징과 기적이
다. 위험한 출애굽 가운데서 이스라엘 백성은 이것들을 통하여 그
들을 위협하는 체념을 이길 수 있었다. 이들은 예수가 약속된 장
차 오실 그분(마11:5)이라는 세례자 요한이 확신하게 하였다. 이
들은 사도들의 길을 동반하기도 한다. 다른 한편, 약속의 역사는
하나님의 계약의 메시아적 완성을 향하여 나아가게 한다. 시내산

---

202) Ibid., 83.
203) Ibid., 84.
204) Moltmann, 「하나님의 체험」 138.
205) Moltmann, 「희망의 실험과 정치」 87.
206) Moltmann, *Gott in der Schöpfung*, 83.

에서 하나님의 계약이 모세를 통하여 체결된 것처럼, 하나님의 계약은 그리스도를 통하여 궁극적으로 그리고 보편적으로 효력을 발생하게 된다.[207]

---

207) Moltmann, 「신학의 방법과 형식」 117.

Ⅳ. "메시아적" 개념이
적용되는 삶의 자리

몰트만은 자신의 삶 속에서 경험된 전쟁과 아우슈비츠의 유대인의 죽음, 인간의 지적 교만으로 인한 자연환경의 파괴 등을 신학적 성찰을 통하여 우리 시대의 그리스도교적 변증을 하고 있다. 특히 그의 희망의 이론으로서의 종말론에 나타난 종말론적 사고는 메시아적 개념에 따른 측면임을 알 수 있다.

몰트만에 의하면 종말론적 사고에 있어서 미래는 "오는 것"으로 파악된다. 미래에 해당하는 독일어 "Zu-kunft"는 이러한 의미의 미래를 나타낸다. 그것은 라틴어 어드벤투스(adventus)와 그리스어 파루시아(parusia)에서 유래하는 것으로 "……로(ad)" "오다(venire)"의 합성어이다. 그것은 하나님의 오심, 하나님에게 상응하는 세계 곧 하나님 나라의 도래를 가리킨다. 여기서 미래는 과거로부터 되는 것, 연장되어 가는 것이 아니라, 이 세계의 밖으

로부터 오는 것, 다른 것, 새로운 것, 그러므로 변화시키는 것의
도래를 가리킨다. 그리스어 *parusia*는 임재, 현존 혹은 도래를 뜻
한다. 신약성서에서 그것은 그리스도의 과거와 현재를 가리키지
않고, 그리스도께서 약속하셨고 공동체가 기다리는 그의 영광 가
운데서의 오심을 가리킨다. 즉 "지금도 계시고 전에도 계셨고 또
장차 오실 그분이……"(계1:4)이리하여 "대림절(Advent)이란 용어
는 죄와 주검의 세력이 다스리는 이 세계 속에, 하나님의 의와
사랑과 영원한 생명의 세계를 가져올 그리스도의" 오심에 대한
메시아적 희망의 총괄 개념이 되었다.[208]

그러므로 본 장에서는 몰트만이 자신의 신학에서 메시아적 개
념을 얼마나 다양하게 적용하고 있는가를 살펴보고자 한다. 그러
기 위해서 그의 신학에 특징적으로 나타난 우주적 기독론의 메시
아적 역사에 대한 고찰과 함께 생명의 영으로서의 성령론, 삼위일
체론적 찬미로서의 메시아적 예배에 대하여 알아보고자 한다.

1. 메시아적 역사와 기독론

일반적으로 전제 없는 기독론이란 전혀 존재하지 않는다. 기독
론의 역사적 전제는 구약성서의 메시아 약속과 히브리 성서에 근
거한 유대인의 희망이다. 예수와 그의 역사를 구약성서의 약속과

---

208) 김균진, 「기독교조직신학 Ⅴ」 (서울: 연세대학교출판부, 1999), 576-77.

오늘날의 유대교의 희망의 역사의 빛 안에서 인식할 때에만, 우리
는 예수를 진정하게 이해하게 된다.209)

기독론은 몰트만 신학 전체의 출발점이라고 할 수 있다. 왜냐하
면 그에게 있어서 신학은 인간이 하나님을 인식하게 되며 그들의
삶과 행복과 고난의 실천 속에서 모든 감각을 가지고 하나님의
현재를 인식하게 될 때 일어난다고 주장하고 있기 때문이다.210)

또한 몰트만에게 있어서 종말론이 없는 그리스도론은 없고, 그
리스도론이 없는 종말론도 없다. 세부적으로 이것이 의미하는 것
은 역사적 예수의 선포와 치유 안에서 메시아 시대, 메시아적 안
식일의 약속과 숨겨진 시작을 보는 것, 십자가의 죽음에까지 이르
는 그의 희생 안에서 불경한 모든 존재에게 내려지는 하나님의
심판의 대리적 선취를 인식하는 것, 그의 "죽은 자들 가운데서의
부활"을 보편적인 "죽은 자들의 부활"의 시작으로 이해하는 것,
그리고 부활한 그리스도의 통치 안에서 하나님이 만유 안에서
만유가 될 종말론적인 나라의 역사적인 시작을 발견하는 것이
다.211)

그리고 성육화된 하나님의 아들, 구원자 혹은 모범적인 인간에 관
한 우주적인 기독론적 구상은 예수의 유일회적인 인격과 역사를 가
리킬 때만이 기독교적일 수 있다고 한다.212) 왜냐하면 "만유의 화
해"(*Allversöhnung*), "모든 것의 회복"(*apokatastasis panton*), "구
원의 보편주의" 혹은 "모든 사물의 회복"은 기독교 종말론에서 가

209) Moltmann, 「오늘 우리에게 그리스도는 누구신가?」137.
210) Moltmann, 「신학의 방법과 형식」13.
211) Moltmann, 「삼위일체와 하나님의 역사」197.
212) J. Moltmann, *Der Gekreuzigte Gott* (München: Chr. Kaiser, 1972), 113, 「십
자가에 달리신 하나님」김균진 역 (서울: 한국신학연구소, 1990).

장 큰 논의의 대상이 된 문제들을 나타내고 있다. 이들은 종말론적 문제이다. 그러나 이 문제는 오직 그리스도론에서만 결정될 수 있기 때문이다.213)

그러므로 몰트만은 땅과 하늘에 있는 모든 만물의 회복(골1:20) 과 과거의 속박으로부터의 만물의 구원으로 메시아 안에서 만물을 통일하고, 창조의 완성을 가져다준다. 자연의 역사와 인간의 역사 안의 진화 과정은 계속적 창조의 결과이다. 창조된 만물의 구원과 새 창조는 오로지 영광 중의 그리스도의 오심으로부터만 기대될 수 있다. 우주의 갱신은 죽은 자들의 갱신을 전제한다. 왜냐하면 우주적 그리스도는 단지 창조의 모든 공간을 하나님의 평화의 메시아적 내연으로 채우는 주님만의 되는 게 아니기 때문이다. 그는 창조의 모든 시간을 구원의 메시아적 외연으로 채우는 주님도 될 것이다. 골로새서는 우주적 그리스도의 공간적 상이 우세하다. 바울에게서는 종말론적인 그리스도의 시간적 상이 우세하다(고전15장). 부활하고 높이 들림 받은 그리스도를 그의 공간적 차원과 시간적 차원에서 파악하기 위해서는 두 상들이 서로 보완되어야 한다. 그의 메시아적 내연은 창조의 공간을 그 깊이에까지 관통한다. 그의 메시아적 외연은 창조의 시간을 그 가장 먼 태초에까지 관통한다.214)

이러한 부활한 그리스도께서 영적으로 현존하심에 대한 경험은 그의 모든 역사를 그와 성령의 역사로 이해한다. 바로 여기에 예

---

213) Moltmann, 「오시는 하나님」 409. 이미 제2이사야와 시편 96편에서 메시아의 복음은 우주적으로 이해하고 있다. 즉, '야훼가 왕이시다'라는 말은 이스라엘과 시온의 회복을 넘어서서 모든 백성들의 구원을 의미한다(시96:2). *Der Weg Jesu Christi*, 145.
214) Moltmann, 「오늘 우리에게 그리스도는 누구신가?」 131-32.

수 그리스도의 지상의 삶과 활동과 길에 대한 성령론적 그리스도
론을 위한 출발점(Ansatzpunkt)이 있다고 몰트만은 주장하고 있
다. 다시 말하여 예수의 역사에 대한 회상은 예수가 성령을 받았
고 성령이 예수 안에서 활동하고 있었다는 것을 인지한다. 여기에
성령론적 그리스도론의 영역이 있다. 즉, 예수는 그와 함께 하는
그리고 그를 통한 하나님의 영의 역사에 있어서 메시아적 인간으
로 나타난다.215) 그리고 성령론적 그리스도론의 특이한 요소는 예
수 그리스도의 인격과 역사 밖에서 일어나는 바로 이 성령의 활
동에 대한 개방성에 있다.216)

　이사야 53장의 고난받는 하나님의 종의 상은 기독교의 수난 이
야기들에 대하여 끊임없이 영향을 주었으며 기독교의 그리스도론
들의 기초가 되었다. 이상과 함께 우리는 십자가의 죽음에 이르는
예수의 길에서 먼저 연대성의 그리스도론(Solidaritätschristologie)
을 발견한다. 하나님의 메시아적 아들은 우리의 상처받을 수 있고
사멸하는 실존의 조건들을 남김없이 수용하며 우리와 같은 인간
이 된다. 그는 폭력으로부터 자유로운 길을 걸어간다. 그는 불의
와 폭력, 배반과 부인, 하나님과 인간에 의한 버림 받음을 짊어지
며 또 그것을 견딘다. 그리고 그로 로마인들의 십자가에서 죽는
다. 이 "그리스도의 고난"은 가난한 사람들과 상처받을 수 있는
사람들의 고난, 민중(ochlos)과 연약한 피조물들의 고난이기도 하
다.217)

　나아가 고통 중에서 하나님을 향해 외치는 자는 알든 모르든

---

215) Moltmann, *Der Weg Jesu Christi*, 120.
216) Ibid., 142.
217) Moltmann, *Der Geist des Lebens*, 143-4.

예수 그리스도의 죽음의 절규와 함께 외친다. "나의 하나님, 어찌
하여 나를 버리셨나이까?" 이것을 깨닫는 자가 즉시 느끼는 점은,
하나님이 저 하늘에서 신비하게 마주 바라보는 자가 아니라 매우
인간적인 의미에서 그와 함께 소리치는 인간적인 하나님이요, 그
자신이 무어라고 말할 수 없을 때에 자신 안에서 부르짖고 자신
을 대신하여 탄식할, 같은 감정을 지닌 영이라는 사실이다. 우리
의 고난의 심연과 죄악의 지옥 안으로 하나님의 사랑과 영원한
영의 사귐을 가져옴으로써, 우리가 고통 중에서도 침몰하지 않고
여기서든 저기서든 고난을 생명으로 바꾸어 놓게 하는 것은 십자
가에 못 박힌 그리스도의 위로이다.218)

그러므로 본 장에서는 몰트만의 우주적 기독론에 나타난 메시
아적 역사 안에서 예수의 메시아적 인격과 그의 죽음과 부활, 고
난의 사귐과 만찬에 대한 내용을 살펴보고자 한다.

1) 예수의 메시아적 인격

몰트만은 먼저 전통적 그리스도론에 있어서 그리스도의 신인적
(gottmenschliche) 인격을 구성하는 형이상학적 본성의 개념들을
비판한다. 왜냐하면 이 개념들은 신성과 인성을 각자의 속성들의
상호 부정을 통하여, 예를 들어 유한-무한, 사멸-불멸, 고난받을
수 있음-고난받을 수 없음 등의 상호 부정을 통하여 정의하며
그들의 긍정적 상호작용을 통하여 정의하지 않기 때문이다.219) 또

---

218) Moltmann, 「삼위일체와 하나님의 역사」 78.

한 예수의 메시아적 인격이 중요한 이유는 예수가 메시아적 하나님의 나라를 선포하였다는 점과 깊은 연관을 갖는다. 왜냐하면, 그의 나라의 선교의 특수성은 그가 나라의 접근, 돌입, 상속을 듣는 사람이 그의 인격과의 관계에서 결단하고 태도를 정하는 것과 결부시켰기 때문이다.[220]

이러한 예수의 복음의 특수성은 그가 오늘날 그의 현재와 그의 지금 안에서 메시아적 때의 출현을 선포하는 데 있다. 예수의 복음 선포와 그의 인격은 종교적, 철학적 또 도덕적 교설이 그것들을 주창한 인간과 분리될 수 없는 것과 같이, 서로 나뉘는 것이 아니다. 그의 메시아적 때의 예고와 권리와 그의 선포의 진리는 그의 인격과 결부되며, 양도될 수 없다.[221] 한 예로 이사야서 61장 1절은 복음을 주의 영으로 오시고 자유와 구원과 평화를 그의 말씀으로 창조하시는 메시아적 예언자로서 인격화한다. 복음은 한계가 없고 종말이 없이 존재할 야훼의 지배를 말한다.[222] 그리고 "그리스도의 고난"은 오직 예수의 고난에 불과한 것이 아니라, 예수가 자신의 몸과 자신의 영혼 속에서 연대하는 가난한 사람들과 연약한 사람들의 고난이기도 하다(히2:16-18, 11:26, 13:13).[223]

결국 몰트만은 예수의 신적 인격, 메시아적으로 활동하는 인격, 하나님의 사명을 받은 공적 인격, 사귐의 복잡한 관계 속에 있는

---

219) Ibid., 201-20. 즉 전통적 그리스도론은 하나님-인간(Gottmenschen) 예수 그리스도의 신학적 인격만을 드러냈으며, 근년의 종말론적 신학은 예수 그리스도의 종말론적 인격을 드러내었다. 최근의 상황적 신학들은 예수 그리스도의 사회적 인격을 드러내었다.

220) Moltmann, *Theologie der Hoffnung*, 285.

221) Moltmann, *Kirche in der Kraft der Geistes*, 97.

222) Moltmann, *Kirche in der Kraft der Geistes*, 92.

223) Moltmann, *Der Geist des Lebens*, 144.

인격, 삶의 역사의 되어감(Werden) 속에 있는 인격을 받아들이고 있다.224)

나아가 몰트만은 예수 그리스도의 세 가지 차원의 인격을 다음과 같이 요약하고 있다. 첫째, 예수가 하나님의 그리스도로 고백된다면, 그는 자기의 종말론적인 인격 속에서 인지된다. 즉, 그는 인격 안에 있는 하나님의 나라이며 모든 사물들의 새 창조의 시작이다. 그는 세계의 희망의 담지자이다. 그 안에서 신자들은 메시아적 인간을 인식한다.

둘째, 그는 자기의 신학적 인격 속에서 인지된다. 즉, 그는 하나님의 자녀로서 자기와 같이 "아빠"라고 부르는 모든 사람들에게 개방한다. 그들은 예수의 기쁨에 참여한다. 신자들은 그 안에서 아이와 같은 인간을 인식한다.

셋째, 그는 자기의 사회적 인격 안에서도 인지된다. 즉, 그는 가난한 사람들의 형제요 민중들의 동지이며 버림 받은 사람들의 친구이며 병든 사람들과 함께 고난당하는 자이다. 해당하는 사람들은 그 안에서 형제자매와 같은 인간을 인식한다.225)

---

224) Moltmann, *Der Weg Jesu Christi*, 202.
225) Ibid., 219. 이에 반하여 김균진 교수는 두 가지 인격 개념을 주장한다. 첫째는 형이상학적 인격 개념이다. 이 개념은 인격을 고립된 개체로 보며 그 자체로서 완결되어 있는 것, 고정되어 있는 것으로 본다. 자기 자신 안에 고립된 개체로서의 인격이 자기를 어떻게 알고 있는가(self-awarwness)를 기초로 그것이 무엇인가를 정의하고자 한다. 이러한 인격 개념은 인간을 이성적 존재로 보는 희랍 철학에서 유래하며, 계몽주의를 거쳐 근대 주체성의 철학에 이르기까지 전승되었다. 둘째는 관계적 인격 개념이다. 관계적 인격 개념에 의하면, 인격은 다양한 관계 속에서 되어가는 과정에 있는 것, 미래를 향하여 개방되어 있는 것으로 이해된다. 인격은 자기가 자기에 대하여 아는 바를 따라 정의될 수 있는 것이 아니라, 그가 맺고 있는 사회적 관계를 통하여 자기의 면모와 정체성을 얻는다. 김균진, 「역사의 예수와 하나님의 나라」 (서울: 연세대학교출판부, 1995), 106.

2) 예수의 죽음과 부활

(1) 예수의 메시아적 죽음

우주적 기독론을 위한 존재의 근거는 그리스도의 십자가의 죽음이다. 그의 부활이 지닌 우주적 차원들의 빛 속에서 그의 십자가 죽음은 우주적 의미를 가진다. 에베소서에 의하면 그리스도는 그의 십자가 죽음을 통하여 적대심을 죽이고 유대인들과 이방인들을 하나님과 화해시켰다(2:16). 골로새서에 의하면 하늘과 땅에 있는 모든 것이 그를 통하여 하나님과 화해되었다. "이를 통하여 그는 십자가에서 흘린 피를 통하여 평화의 길을 열었다."(1:20). 그리스도는 인간들의 화해를 위해서뿐만 아니라 우주의 화해를 위하여 죽었다. 화해는 시적인 표상이 아니라 법적인 개념이요 침해된 법적 관계의 회복을 의미한다.226)

그리스도의 고난과 죽음에서 하나의 배타적인 의미와 포괄적 의미를 구분하는 것이 신학적으로 의미 있다. 화해하며 구원하는 고난은 오직 그리스도만의 일이다. 오직 그렇기 때문에 그의 십자가의 죽음 속에서 세계의 신적 화해와 구원이 보일 수 있다. 그러나 이와 동시에 그리스도의 고난과 죽음은 하나님의 진실하고 신실한 증인의 순교자적 고난이기도 하며, 그러한 고난으로서 그것은 그리스도 이전과 이후와 또 그와 함께하는 하나님의 진실하고 신실한 증인들의 커다란 사귐 속에 서 있다.227)

그리스도의 고난과 죽음은 복음을 통하여 얘기되고 있다. 세계

---

226) Moltmann, *Der Weg Jesu Christi*, 395.
227) Moltmann, 「신학의 방법과 형식」 258.

와 하나님의 화해를 위하여 일어난 하나님의 아들의 희생은 떡과 포도주의 형태하에서 이루어지는 성찬식을 통하여 전달된다. 그리스도의 수난의 말씀과 성례전을 통하여 현재화됨으로써, 곧 하나님에 대한기독교적 신앙이 소생한다. 신앙인의 자유는 그리스도의 대리 행위에서 온다. 그는 그리스도 때문에 하나님을 믿는다. 하나님 자신이 그리스도의 수난의 역사 속에 보관되어 있다. 만일 그렇지 않다면 그리스도의 죽음은 아무런 근원의 능력도 가지지 못할 것이다.[228]

예수의 메시아적 파송을 기술하는 공관복음서는 "죽음의 신학"을 전개하지 않았다. 공관복음서에서 죽음은 하나님에게 어긋나는 세력이며, 메시아의 오심을 통하여 그것의 끝이 가까웠다. 만일 죽음이 "의미"를 가진다면, 그 의미는 생명을 창조하는 하나님의 영광이 죽음에서 드러나기 때문에 죽음이 극복된다는 데에 있을 뿐이다.[229]

이스라엘의 메시아 왕은 폭력 없이 로마인들의 십자가에 이르는 길을 가신다. 하나님의 아들이 그의 신성을 버리고 십자가의 죽음에 이르기까지 가난한 노예의 길을 가신다. 신적인 권능과 고귀함과 관련하여 볼 때 이것은 소외의 길이다. 이로써 실현된 힘 없는 자들과 가난한 자들과의 연대성과 관련하여 볼 때 이것은 본질적인 신적인 사랑의 길이다. 예수는 십자가의 죽음에 이르기까지 메시아이며 하나님의 아들이라는 것을 견지할 때, 그는 십자가의 그늘 밑에서 사는 사람들, 권리가 없는 사람들과 불의한 사람들, 이러한 모든 사람들에게 메시아적 희망과 하나님의 사귐을

---

228) Moltmann, *Trinität und Reich Gottes*, 35.
229) Moltmann, 「오시는 하나님」 155.

가져왔다고 말할 수 있다.[230]

(2) 메시아의 부활

메시아의 부활은 메시아를 믿지 않는 자들을 교회로 돌아오는 것을 기다리는 것이 아니라, 메시아 나라로 그들의 부활을 기다리는 것이 유대인들에 대한기독교의 꿈이다.[231] 초대 기독교는 자체의 경험을 부활하신 자의 현현 및 그의 임재로 이 메시아적 성령 안에서의 경험으로서 이해했다.[232] "너희의 말을 듣는 사람은 곧 나의 말을 듣는 것이다. 아버지께서 나를 보내는 것처럼, 나도 너희를 보낸다."(요20:21). 부활하신 그리스도는 여기서 세계를 향한 그의 메시아적 파송에 복종하는 그의 공동체의 사도직 안에서 그의 실재적 임재(Realpräsenz)를 약속한다. 이리하여 그의 공동체는 그리스도를 대신하여 하나님과의 화해를 위한 초대를 선포한다(고후5:20). 그리스도께서 자기와 자기의 공동체를 동일화시킴으로써 이루어지는 실재적 임재는 공동체의 선포와 성례전과 친교와 봉사를 권능으로 채운다.[233]

몰트만에 따르면 죽은 자들로부터 그리스도의 부활은 그의 현실적이며 전체적인 죽음을 전제한다.[234] 그리고 하나님으로 말미암은 그리스도의 부활은 바울에게는 물론 우리가 잘 아는 원시 기독교에 있어서 그리스도에 대한 신앙의 근거요 따라서 그리스

230) Moltmann, *Der Weg Jesu Christi*, 259.
231) Moltmann, 「오시는 하나님」 267.
232) Moltmann, *Kirche in der Kraft der Geistes*, 317.
233) Moltmann, 「신학의 방법과 형식」 288.
234) Moltmann, 「오시는 하나님」 393.

도의 교회의 근거이기도 하였다. 기독교 신앙은 사실상 그리스도의 부활과 함께 살거나 아니면 죽는다. 하나님 신앙과 그리스도의 고백은 부활이라고 하는 이 점에서 일치한다. "그리스도를 죽은 자들로부터 살리신" 하나님에 대한 신앙과 "예수 그리스도는 주님이다"라는 고백은 서로를 해석하여 준다.235)

또한 "부활" 혹은 "다시 일어남"이라고 불리는 이 사건은 골고다의 십자가에서 죽은 그리스도에게 해당한다. 그의 인격과 관련하여 볼 때 십자가와 부활은 서로 관계되어 있으며 한 사건은 다른 사건의 빛 속에서 나타나는 것으로 해석되어야 할 것이라고 주장한다. 왜냐하면 그리스도의 십자가는 하나님에 의하여 부활되었고 하나님에게 고양된 주님의 십자가이기 때문이다. 오직 이러한 관련에서 십자가는 특별한 구원의 의미를 얻는다. 하나님으로 말미암은 부활은 "십자가에 못 박혔고 죽었으며 장사된" 그리스도에게 일어났다. 오직 이러한 관련에서 부활은 특별한 구원의 의미를 얻는다.236)

그리고 모든 만물의 창조의 중보자가 되는 우주적 그리스도에 대한 인식근거는 부활한 자에 대한 경험이라고 주장한다. 이 경험에서 일어난 것은 모든 역사적 회상과 경험을 넘어서서 창조의 현실 자체를 지향한다. 성서적 근거로 로마서 4:17에 의하며, 부활과 창조는 밀접하게 함께 속해 있다. 죽은 자를 일으키는 하나님은 창조자로서 존재하지 않은 것은 존재하게 하는 바로 그분이요, 세상을 무로부터 존재케 한 자는 죽은 자를 일으켜 세우는 하나님이다. 처음과 마지막, 창조와 부활은 다 함께 속해 있으며, 서

---

235) Moltmann, *Der Weg Jesu Christi*, 305.
236) Ibid., 305-06.

로 분리되어서는 안 된다. 왜냐하면 죽은 자들의 부활을 통한 창조의 영화는 창조의 완성이고, 창조는 죽은 자들의 부활을 지향하기 때문이다.237)

그러므로 몰트만의 신학에 있어서 십자가에 달린 그분이 하늘과 땅을 쇄신하는 영광의 나라의 근거와 중심이 된다. 이 나라는 그의 부활과 영화와 함께 이미 지금 시작하고 있다.238) 빌립보서 2장의 그리스도 찬양에 있어서 메시아의 비밀은 "종의 형태"로 일어나 그의 소외와 낮추심으로 묘사된다. 구원의 새 창조는 하나님의 "수고와 노동"으로 말미암아 일어난다. 자기 소외를 통하여 그는 해방을 창조하시며, 자기를 낮춤으로써 높이 들어올리며, 그의 내리하는 고난으로 인하여 죄의 구원이 일어난다. 요한은 예수가 십자가에서 말한 마지막 말을 권하면서 이 "노동"을 "이제 다 이루었다"는(요한19:30) 것으로 이해한다. 바울에 의하면 성령의 삶의 능력도 언제나 "그리스도의 고난의 사귐" 속에서만(필립 3:10) 활동한다. 그리스도의 고난과의 사귐 속에서 부활과 새 창조의 능력들이 경험되고 작용한다(고후4:7이하, 6:4이하). 이 능력은 힘없는 자들 속에서 힘이 있다(고후12:9). 끝으로 하늘과 땅의 새 창조도 하나님의 고난의 역사로부터 생성되며 이 고난을 중심으로 가진다. 그것은 십자가에 달린 그분의 나라이다.239)

나아가 부활은 죽은 예수에게서 일어난 하나님의 종말론적 행위이며 그런 점에서 어떤 새로운 것을 정립한다. 그러나 그것은 지상의 예수가 정말 누구인가를 나타내기도 한다. 그것은 예수의

---

237) Moltmann, 「오늘 우리에게 그리스도는 누구신가?」 116-17.

238) Moltmann, *Gott in der Schöpfung*, 141.

239) Ibid., 140-41.

메시아적 요구를 증명하며 성취한다. 그것은 그의 하나님 아들 신분을 증명하며 성취한다. 예수의 요구의 증명과 성취는 상호 보완한다. 부활이 단지 증명을 뜻할 뿐이라면 부활은 그의 죽음이 가진 의미를 신학적으로 밝혀 주는 범주에 불과하게 되고 십자가의 신학만이 남게 된다.240)

한편, 그리스도인들은 그리스도의 부활의 날을 새 창조의 첫날로 이해하였다. 그러므로 이날은 빛의 새 창조와 더불어 시작된다. 이것은 "예수 그리스도의 얼굴에 있는 하나님의 영광을 아는 빛"(고후4:6)이다. 목격자들의 보도에 의하면, "부활현현"은 새 창조의 첫날의 우주적인 빛 안에서 일어났다. 그러기에 그리스도인들은 일찍부터 부활의 날을 "여덟째 날", 다시 말하면, 새 창조의 첫날이라고 불렀던 것이다. 그들은 단지 역사적 차원에서만이 아니라 우주적 차원에서 그리스도의 부활을 새 세계의 시작으로 파악하였다. 이 세계에서는 모든 눈물이 씻겨질 것이고, 더 이상 죽음도 존재하지 않을 것이다.241)

몰트만은 예수에게서 일어난 종말론적 사건으로서의 부활은 모든 사물들의 새 창조의 시작으로 보고 있다. 왜냐하면 예수의 메시아적 요구가 놀랍게 성취되는 면이 그의 역사적 진리가 증명되는 면보다 더 우세하기 때문이다. 그러므로 바울은 그리스도의 죽음과 부활을 비교할 때 "얼마나 더 많이……"라고 말한다(롬8:34, 5:10).242)

여기서 부활은 보편적이고 종말론적인 "죽은 자들의 부활"이

---

240) Moltmann, *Der Weg Jesu Christi*, 248-49.
241) Moltmann, 「삼위일체와 하나님의 역사」 164.
242) Moltmann, *Der Weg Jesu Christi*, 249.

아니라, 특별하고 메시아적인, "죽은 자들로부터의(von) 부활"이
다. 그러나 "죽은 자들로부터의 부활"은 필연적으로 최후의 심판
을 위한 보편적 죽은 자들의 부활 이전에(vor) 그리스도의 나라로,
세계의 종말 이전 역사 속에 있는 메시아의 나라로, 혹은 이 허무
한 세계의 시간에서 하나님의 새로운 세계로 전이하는 나라로 인
도한다.243)

그러므로 몰트만의 이러한 십자가와 부활은 하나님의 앞질러
하시는 행동에서 미래라고 일컬어질 수 있다. 또한 기독교는 예수
의 인격의 내면성에서 하나님의 메시아적 미래를 발견했을 때, 그
를 메시아적 희망이 완성되었다는 확증으로 이해할 수 있다.244)

3) 메시아의 고난의 사귐과 만찬

(1) 메시아의 고난의 사귐

예수의 삶은 그의 마지막에서뿐만 아니라 그의 메시아적 메시
지의 빛에서 볼 때 이미 고난이라 말할 수 있다. 그의 메시아적
열정은 그에게 묵시사상적 고난의 경험을 가져왔다. 그러므로 예
수는 메시아의 질문에 대하여 고난을 예고함으로써, 그리고 고난
을 향하여 자기의 뒤를 따르라고 부름으로써 대답하였다(막
8:27-35).245)

예수는 고난당하는 이스라엘과 그의 박해받는 예언자들과의 전

---

243) Moltmann, 「오시는 하나님」 342.
244) Moltmann, 「희망의 실험과 정치」 67.
245) Moltmann, *Der Weg Jesu Christi*, 174.

승의 사귐 속에 있다. 세례 요한은 그 이전의 많은 예언자들처럼 권력의 소유자들에 의하여 살해되었다(눅13:34, 마23:37-39). 예수의 뒤를 따르는 자들뿐 아니라 그의 예언자적 선배들도 그들의 메시지 때문에 종말적 고난을 당하였다. 묵시사상적 그리스도의 고난은 하나님의 백성 이스라엘이 하나님 없는 이 세계 속에서 당하는 고난의 특징들을 지니고 있다.246)

그러므로 그리스도의 고난은 이스라엘과 하나님의 예언자들의 고난의 역사의 부분이다. 즉, 그리스도의 고난은 그들과의 사귐에 대하여 열려져 있다. 그것은 그의 '고난의 사귐($\kappa o \iota \nu \omega \nu \acute{\iota} \alpha \ \pi \alpha \theta \eta \mu \acute{\alpha} \tau \omega \nu \ \alpha \nu \tau o \upsilon$)이다'(빌3:10). 이 그리스도의 고난의 사귐은 복음의 사도들을 통하여, 믿음과 저항의 순교자들을 통하여, 가난한 백성들과 신음하는 모든 피조물들을 통하여 경험된다.247)

"고난당하는 하나님"의 계시는 사람들로 하여금 그들의 고난을 하나님 안에서 이해하도록 하며, "세계 안에서 겪는 하나님의 고난"에 참여하도록 한다. "하나님 안의 생활"은 십자가에 못 박힌 자의 인식과 더불어, 그리고 사람들이 그들의 십자가를 지고 세상 안의 하나님의 메시아적 고난에 참여하는 제자의 길속에서 시작된다. 이처럼 우리를 위로하는 인식 속에서, 그리고 이렇게 우리를 자유하게 하는 실천 속에서 고대의 가부장주의적인 "전능자 하나님"의 표상들과 "지배자―하나님"에 대한 종교적 상들은 무너진다.248)

---

246) Ibid., 175.
247) Ibid., 177.
248) Moltmann, 「삼위일체와 하나님의 역사」 69.

"이스라엘의 고난"은 이스라엘을 선택하였고 이스라엘을 통하여 자기의 이름을 거룩하게 하며 쉐히나(Schechina) 속에서 이스라엘 안에 거하시고 이스라엘의 고난을 그 자신의 고난으로 삼으시는 하나님의 고난이기도 하다. 이러한 견지에서 "이스라엘의 고난"은 하나님의 심판 아래에 일어난 징벌의 고난이 아니라 하나님 자신이 함께 당하는 고난이다. 이러한 관련에서 "그리스도의 고난"은 하나님으로부터 멀리 떨어진 고난이 아니라 하나님 가까이 있는 고난이다. 하나님 자신이 하나님의 버림 받음의 고난을 메시아적 자녀안에서 당한다.[249]

예수가 의로운 자의 죽음을 죽었다면, 그는 그의 고난을 통하여 보다 너 포괄적인, 이스라엘의 고난도 거기에 속한 하나님의 고난에 참여한다. 이스라엘의 고난과 결합되어 있는 그리스도의 고난은 하나님의 세계고난의 틀 속에 있다. 이것은 골고다와 아우슈비츠를 동일한 전망에서 보는 것을 가능케 할 뿐만 아니라 필연적으로 만든다.[250]

예수는 가난한 자들 주에 가장 가난한 자들의 한 사람이 되었다. 그는 고문을 당하였고 치욕을 당하였으며 십자가에 달려 죽은 노예가 되었다. 이러한 견지에서 "그리스도의 고난"은 이 세계의 힘이 없고 권리가 없으며 고향이 없는 가난한 무리들의 고난이며, 이들의 고난은 이러한 견지에서 "그리스도의 고난"이기도 하다.[251]

"그리스도의 고난"은 모든 피조물들이 당하고 있는 "이 시대의

---

249) Moltmann, *Der Weg Jesu Christi*, 189.
250) Ibid., 189.
251) Ibid., 190.

고난"이기도 하다(롬8:18). 거꾸로 삶을 동경하고 있는 피조물들은 "그리스도의 고난"을 함께 당한다. 허무에 예속되어 있는 모든 창조의 지혜는 그리스도 안에서 모든 살아 있는 것의 죽음을 당한다(고전1:24).[252]

구원의 메시아적 비밀은 고난을 떼어 넘기는 것과는 정반대가 된다. 그것은 기꺼이 고난을 받아들이는 것이고, 다른 사람들이 살 수 있도록 다른 사람의 고난을 감당하려는 것이다. 고난과 실패를 기꺼이 받아들이고, 다른 사람을 위해서 고난을 기꺼이 감당하는 것은 고난(의 성격)을 변화시키는 것이다. 고난이 우리를 더 이상 파괴하지 못하고, 우리는 우리 자신을 고난과 하나되게 한다. 고난은 우리를 더 이상 분리시키지 않고 오히려 우리를 결합한다. 십자가상에서의 예수의 고난과 죽음은 신앙 안에서 언제나 우리를 구원하는 유일한 고난으로서 간주된다. 하나님의 아들의 고난은 화해의 고난이고, 그의 죽음은 우리를 속죄하며 의롭게 하는 제물이다. 메시아적인 파송의 사명 가운데 있는 예수를 따르는 자들은 예수의 십자가와 그의 죽음을 스스로 감당하도록 요구되지 않는다. 세상과의 화해를 위해 하나님은 홀로 충분히 행하셨다. 그러나 마가복음 8장 31절에서는 그들 예수를 따르는 자들에게 십자가를 받아들일 것이 요구된다. 이는 그들이 '육체 가운데서 각인되고 그들의 생활사에서 구체적으로 요구되는 타인과의 연대적인 고난을 의미한다.[253]

하나님이 "모든 것 안에서 모든 것"이라면, 하나님의 사귐

---

252) Ibid., 191.
253) J. Moltmann, 「하나님 나라의 지평 안에 있는 사회선교」 정종훈 역 (서울: 대한기독교서회, 2001), 37.

(Gottesremeinschaft)과 세계의 사귐(Wltgemeinschaft)은 더 이상 분리된 것이나 모순된 것이 아니다.254) 신적 인격들이 그들 상호 간의 내주를 통하여 하나의 공통적 공간을 형성하는 것처럼, 피조물의 차원에 있어서 사귐은 서로 간의 자기 전개의 사회적 공간을 형성한다.255)

그리스도의 사귐 속에서 예수 그리스도의 아버지는 또한 우리의 아버지가 되시며, 우리는 그리스도 때문에 하나님을 신앙하기 시작한다.256) 예수는 하나님의 나라를 가난한 사람들에게 선포하며, 놀라운 메시아적 하나님 나라의 가까우심 가운데서 활동하였다. 그는 하나님을 "아빠, 사랑하는 아버지"라 불렀으며, 이 놀라운 메시아직 하나님의 가까우심 속에서 살았디.257)

무의미하고 탈출구가 없고 끝이 없는 고난은 사람으로 하여금 하나님을 향해 소리치게 만들고, 하나님에 대해서 절망하게 만든다. 하나님에 대한 신앙과 무신론은 그러한 고통 안에 가장 깊은 뿌리를 내리고 있다.258) 죄인 및 세리들과 사귄 예수의 우정의 내적 근거는 그가 그들과 함께 잡수신 메시아 축연의 기쁨 가운데 있다. 같이 고생한다는 것이 아니라 하나님 나라에 대한 용솟음치며 나뉘고 또 초청하는 기쁨이 율법에 의하여 정죄받은 사람들에게 그가 쏟은 애정의 특징이었다. 예수가 멸시받은 자들과 같이 먹고 마심으로써 그들에게 보인 존경은 은총의 법에 의하여 결정된 것이었다. 예수는 죄인을 용서하고 죄인과 세리들과 사귐을 가

---

254) Moltmann, 「오시는 하나님」 475.
255) Ibid., 514.
256) Moltmann, 「신학의 방법과 형식」 346.
257) Moltmann, 「오시는 하나님」 398.
258) Moltmann, 「오늘 우리에게 그리스도는 누구신가?」 43.

짐으로써 이 은혜의 법을 요구하였다.259)

(2) 메시아적 사귐의 만찬

몰트만은 메시아적인 이해에서 볼 때 주의 만찬은 입교자가 그의 주변으로부터 분리되어 자신의 확인을 위하여 거행하는 신비 제의(Mysterienkult)는 결코 아니라고 한다. 그것은 세상 안에서 하나님의 평화와 의를 위한 공적이고 공개적인 사귐의 식사이다.260) 그의 제자들과 나눈 예수의 식탁의 사귐에서 특별한 것은 그것을 통해서 그들에게 세리들과 죄인들에 대해서처럼 예수의 메시아적 사명이 효력을 발휘할 뿐만 아니라 그것이 적극적으로 그의 메시아적 사명 속에 이끌려 들어가서 그것에 참여한다.261)

왜냐하면 기독교적인 주의 만찬은 그러므로 그것의 원천을 예수의 메시아적인 역사 및 제자들과 세리들과 나눈 그의 메시아적 잔치들 속에 가지고 있기 때문이다. 이로부터 그러한 공동식사들이 없이는 그리스도의 메시아적인 역사는 적절하고 올바르게 현재화될 수 없다는 귀결이 나오게 된다. 공동식사 없는 공동체는 그 메시아적 정신과 그 종말론적인 의미를 상실한다. 그러나 이로부터 예수를 따르고 그의 메시아적 사명에 가담하는 자들의 식탁의 사귐은 죄인들과 세리들을 영접하고 의롭게 하는 식사를 위하여 열려져 있어야 하고 오고 있는 그 나라에서의 민족들의 우주적인 잔치에 대한 전망 안에서 이해되어야 한다는 귀결도 나오게 마련이다.262)

---

259) Moltmann, *Kirche in der Kraft der Geistes*, 133.
260) Ibid., 266.
261) Ibid., 271.

또한 세례와 같이 주의 만찬은 그리스도의 메시아적인 역사로부터 자발적으로 나타난다. 가난한 자들의 복음 전도자는 하나님의 나라에서의 먹음과 마심에 굶주린 자들을 초대하고 그들을 하나님의 사귐 안에 데려오는 메시아적인 주인이기도 한다.263)

하나님의 나라에서의 먹음과 마심의 이 메시아적인 선취는 그것을 통해서 세계의 구원을 위한 죽음에의 그의 희생과 결부된다. 빵을 떼고 포도주를 붓는 행위들은 이 메시아의 희생을 통해서 유례없는 의미를 얻는다. 또한 이 행위들은 그리스도의 인격과 희생 속에서 하나님의 나라를 현재화한다.264) 이 만찬이 우리를 그와 그의 희생과 결부시킴으로써 그것은 하나님의 나라와 결부된다. 왜냐하면 그의 죽음을 통해서 그에 의하여 신포되고 선취된 그 나라가 역사적인 현실성이 되었기 때문이다.265)

차이와 일치 사이의 통일안에서 우리는 주의 만찬을 자유를 열어 주고 창조하는 그리스도 사건과 이 자유를 보편적으로 완성하는 그의 나라 사이의 메시아적 매개로서 이해한다. 메시아적인 매개로서 주의 만찬은 신앙의 자유와 희망의 용기와 사랑의 사귐을 강화하고 보존한다.266)

그리스도를 통한 식탁의 사귐은 삼위일체 하나님과 연합하기

---

262) Ibid., 271-2.
263) Ibid.,
264) Ibid.,
265) Ibid.,
266) Ibid., 278. 빵과 포도주를 사용하는 주의 만찬은 첫째 그리스도와의 영적 사귐을 위한 외적인 표징들이며, 둘째, 인간이 되신 하나님의 그리고 하나님에게까지 높여진 인간의 지상적인 현재의 표징으로 이해될 수 있으며, 셋째, 미래의 표징으로 민족들의 위대한 평화의 잔치(Schalommahl)를 표시하고 그 나라의 우주적인 잔치의 시작으로서 이해된다.

때문에 그것은 또한 메시아적인 사귐을 위하여 사람들을 서로 연합시킨다. 식사의 사귐은 교회의 보편성의 가시적인 표징이다. 그러나 이 보편성이 하나님의 현재 안에서의 인류의 통일을 위하여 메시아적으로 열려 있기 때문에 이 식사의 사귐 역시 세계를 향하여 열려 있다.267)

굶주림과 억압의 세계 안에서 주의 만찬을 축하하는 자는 모든 사람들의 고통과 희망과의 완전한 유대 안에서 그것을 행한다. 왜냐하면 그는 메시아가 모든 사람들을 그의 식탁에 초대한다는 것을 믿기 때문이고, 그는 모든 사람이 메시아와 함께 식탁에 앉게 되기를 희망하기 때문이다. 밀의 종교에서의 식사는 참가자들을 세상의 나머지 사람들로부터 분리시킨다. 그러나 그리스도의 메시아적 식사는 참가자들을 세상 안에서 물질적으로 정신적으로 가난한 모든 사람들과 유대를 가지게 만든다.268)

그러므로 몰트만은 우리는 하나님이 자기 자신을 인식하듯이 여자들과 남자들, 부모와 자녀들이 참 인간적인 사귐에서 인식한다고 지적하고 있다. 왜냐하면 신비적 자기경험이 아니라, '사회적 자기경험'과 '인격적 사귐의 경험'이 하나님 경험의 장소이기 때문이다.269)

부활하신 그리스도와 사귐 속에서 새 창조의 영을 경험하는 자는, 사멸하며, 병들었으며, 억압된 그의 몸이 '살아남'을 이미 여기서 경험한다. 기독교의 희망이 모든 창조의 궁극적 봄을 지향한다면, 이미 여기에서 자신의 삶의 카리스마적 재활

267) Ibid., 280.
268) Ibid., 281.
269) Moltmann, *Der Geist des Lebens*, 106.

(Belebung)이 성령 가운데서 경험된다. 성령의 경험 속에서 삶의 원천이 우리 안에서 다시 흐르기 시작한다.[270]

로마서 8장 19절 이하는 피조물의 미와 의가 아니라 세계를 익명으로 노예화하는 고통을 세계의 해방을 위한 창조자의 투쟁-그리스도에 의하여 계시된-의 표징으로 이해한다. 피조물의 이 고통은 그리스도의 수난과 부활과의 연결 속에서 메시아적으로 종말의 진통으로서 해석된다. 그리스도의 복음 안에서 부활의 능력이 활동한다면 복음은 그리스도의 고난의 사귐 안에 서 있는 자들에게 속해 있다. 이들에게 고난을 받는 그리스도가 형제가 되었고 이들을 위해 십자가에 달려 죽었다. 그러므로 해석학적 순환은 오로지 말씀과 현실 또는 말씀과 신앙 주위에서 배타적으로 닫히지 않는다. 십자가에 달린 자의 표징 속에서 활동하고 있는 희망은 이 죽음의 시대 안에서 불경건과 불의에 대한 메시아적인 항의이다. 그것은 일치와 하나님과의 친교 그리고 위를 위하여 해방하는 항의이다.[271]

더욱이 모든 은사의 통일은 이미 그리스도 안에서 주어졌다. 그것들의 친교는 하나의 영, 하나의 부르심, 하나의 세례에 있다. 그것들의 기준은 십자가에 못 박힌 자의 주권이다. 그것들의 척도는 성령의 친교이다. 메시아적 공동체의 모든 일원들은 성령의 선물을 받은 자들이며, 그러므로 직무 담당자이다. 직무 담당자와 백성들 간에는 아무런 구분도 없다. 또한 직무의 영과 직무가 없는 영 사이에는 어떤 구분도 없다. 상이한 은사를 받은 자들, 그들의 임무들 사이에도 또한 근본적인 차이가 없다. 자비를 베푼 과부는

---

270) Ibid., 107.
271) Moltmann, *Kirche in der Kraft der Geistes*, 245.

감독만큼이나 카리스마적으로 행동하고 있다. 그러나 기능적인 차이는 있다. 왜냐하면 획일적인 의미에서의 평등이란 있을 수 없기 때문이다. 새로운 창조 안에서의 성령의 능력들은 창조만큼이나 다양하다. 그렇지 않다면 은사에 의한 소생이란 불가능하게 될 것이다. 이 때문에 자유, 다양성 그리고 형제애가 공동체 안에서 지배한다.272)

2. 메시아적 경험과 생명의 영

몰트만에게 있어서 성령론은 삼위일체적 사귐 속에 있는 성령, 모든 창조의 힘과 삶, 영—그리스도론의 세 가지 전제 아래 개인적이며 공동체적인 성령의 경험으로부터 출발한다고 기술하고 있다.273) 이러한 성령의 경험은 그리스도를 회상하는 일 없이 존재하지 않으며 그의 미래를 기다리는 일 없이 존재하지 않는다. 이 회상과 기다림의 조화 속에서 성령의 경험은 독특하고 그 무엇을 통하여 대치될 수 없는 가치를 얻는다. 이리하여 성령의 경험은 '하나님 경험'이라고 불릴 수 있게 된다. 이러한 뜻에서 성령론은 그리스도론을 전제하며 종말론을 위한 길을 예비한다. 그리고 하나님의 경험들은 매우 강하게 "시작도 끝도 없으며"(Parmenides)

---

272) Ibid., 320-21.
273) Moltmann, *Der Geist des Lebens*, 31.

영원한 현재가 모든 것을 충만케 한다. 이러한 상태를 몰트만은 "신비한" 혹은 "종말론적" 순간이라고 말한다.

나아가 삶의 영은 사랑의 영이다. 사랑은 분리된 것을 결합시키며 결합된 것을 분리시키고 이 순환 속에서 삶을 움직이게 한다.274) 그리고 성령은 인간들을 아버지와 아들의 친교로 해방하여주고, 그들의 자유에서 기쁨과 감사로 그들을 채움으로써 아버지와 아들을 영화롭게 한다. 성령을 통한 아들과 아버지의 영광은 사람들을 그들 자신의 운명을 영광으로 채우는 길을 세운다.275) 여기서 "영혼"(Seele) 혹은 "영"(Geist)은, 우리가 모든 신체적인 것을 배제하고, 우리가 그것으로부터 삶을 부여받고 또 그것을 나누어주는 사랑을 신체적인 것과 함께 잊어버릴 때, 추상적으로 남게 되는 그 무엇이 아니다. 오히려 우리의 "영혼"은 우리의 사랑이 있는 거기에 있으며, "영"은 사랑받으며 사랑하는 생명의 숨결(Atem)이다.276)

또한 이러한 의미에서 몰트만은 그리스도론은 성령론으로 인도하며 종말론이 성령론을 완성시킨다고 한다.277) 그리고 그리스도론과 종말론을 결합하는 것은 성령론이라고 강조하고 있다.278) 그리스도론에서 성령론으로의 전환점에 대한 이러한 십자가 신학적 규정은 성령론을 심화시킨 뛰어난 발전이라고 말할 수 있다. 성령론의 이 심화에서 '십자가의 성령론'(pneumatologia crucis)이 생성한다.279) 또한 하나님, 거룩한 영에 관한 총체적

---

274) Ibid., 267.
275) Moltmann, *Kirche in der Kraft der Geistes*, 72.
276) Moltmann, 「오시는 하나님」 107.
277) Moltmann, *Der Geist des Lebens*, 32.
278) Ibid., 82.

이론을 그는 성령론으로 정의하는데 여기서 총체적이란 다음의 두 가지 견지를 말한다. 첫째, 영혼과 신체, 의식과 무의식적인 것, 인격과 공동체, 공동체와 사회의 기관들을 포괄하는 인간의 전체성과 관련하여 총체적이란 말을 할 수 있다. 둘째, 모든 다른 피조물을 포함하여 인간과 땅의 창조 공동체의 전체성과 관련하여 말할 수 있다.280)

한편, 몰트만은 이스라엘 종교는 애초부터 '하나님에 대한 기다림의 종교'였다고 지적한다.281) 왜냐하면 하나님에 대한 기다림은 메시아적이며 성령론적 희망들의 상이한 지평들의 기초라고 말할 수 있기 때문이다. 은혜와 사랑과 사귐이 함께 작용하는 가운데서 삼위일체적 하나님 경험이 생성된다. 그리스도는 아무 전제가 없는 은혜 속으로 우리를 받아들이며, 성부 하나님은 아무 조건 없는 사랑으로 우리를 사랑하며, 성령은 우리를 모든 살아 있는 것의 사귐 속으로 인도한다. 세 품격들은 구분되어 활동하지만, 새롭고 영원한 삶을 창조하는 통일된 활동 속에서 함께 작용한다.282)

그러므로 성령에게 주(主)라는 이름이 주어진다면, 기독교의 성령 경험은 이스라엘의 야훼의 역사와 관계를 가지게 된다. '오순절'에 성령이 종말적으로 부어지는 것은 메시아적 출애굽의 역사로 이해된다. 신앙고백에서 이 연속성은, "예언자들을 통하여 말

279) Ibid., 83.
280) Ibid., 51.
281) Ibid., 66-7. 역사적으로 근거된 하나님에 대한 기다림은 두 가지 이유로 우주적 차원을 가진다. 첫째, 장차 올 메시아적 구원은 하나님의 새로운 "창조적 행위"로 기다려진다(사 43:19). 둘째, 메시아는 하나님의 정의를 민족들 가운데는 물론 자연 속에도 가져올 것이다.
282) Moltmann, 「신학의 방법과 형식」 347.

한" 것이 성령이라는 사실을 통하여 타당성을 얻는다. 그리스도인
들의 메시아적 이해에 의하면 이스라엘의 '주'는 성령이며, '구약
성서'는 하나님 나라의 미래를 위한 성령의 역사에 대한 증언이
요, 이 증언으로서 현재적으로, 현재를 규정하는 것으로 경청되어
야 한다.[283]

이러한 몰트만의 성령의 경험 가운데 첫째 경험을 그는 '기쁨'
의 경험을 지적하고 있다. 기쁨은 우리의 불안한 마음속에서 일어
나는 성령의 다른 한 가지 경험이다: 그것은 그리스도 안에서 하
나님과 함께 가지는 기쁨이다. 하나님의 사랑이 성령을 통하여 우
리의 마음속에 부어지기 때문이다(롬5:1, 5). 여기서 마음이란 우
리의 오성의 인식 능력 이상의 것이다. 그것은 내적 삶의 모든 심
층들을 말한다. 하나님의 사랑의 힘이 우리를 철저히 관통하며 우
리에게 영적으로만 아니라 물리적으로 평화를 준다. 여기서 우리
는 '평화'를 구약성서적으로 '샬롬'으로 파악해야 할 것이다. 그렇
다면 그것은 '정의'를 전제하며 구원과 그리고 행복을 포괄한
다.[284]

또한 하나님의 영은 그리스도의 영이요, '죽은 자들의 부활'의
영이다. 아버지와 아들의 영은 모든 사물들의 새 창조와 모든
살아 있는 것들의 다시 태어남의 신적인 삶의 능력이다.[285] 그리
고 성령 가운데서 다시 태어남은 하나님의 자비로부터 오기 때문
에, 그것은 하나님의 성실하심 속에 존속하며 신자들을 결코 떠나

---

283) Moltmann, *Der Geist des Lebens*, 284.
284) Ibid., 168. 하나님과의 평화의 이 경험들, 그리고 삶으로 다시 태어남 속에서
     체험되는 부활절의 기쁨의 경험들을 몰트만은 '성령의 경험들'이라고 부른다.
285) Ibid., 107.

지 않는다.286)

계속해서 몰트만은 다시 태어남의 수단은 '풍성하게' 부어지는 성령이라고 설명하고 있다. 그는 그리스도를 통하여 중재되기 때문에, 여기서 그는 '그리스도의 영'으로 표현될 수밖에 없다. 그는 죽은 자들로부터 그리스도의 부활로부터 나오기 때문에, 그는 부활의 살리는 힘으로 이해될 수밖에 없다(롬8:11). 그러므로 우리가 경험할 수 있는 성령의 사역은 두 가지의 것이다. 그것은 하나님의 은혜로 말미암은 하나님 없는 자의 칭의와 하나님의 미래에 대한 상속권을 얻게 됨으로 말미암아 살아 있는 희망으로 다시 태어남이다. 하나님 없는 자들의 칭의는 허무하고 사멸할 모든 육 위에 부어지는 성령의 첫 사역이다. 디도서3:5-7에 의하면, 다시 태어남은 성령의 경험에 근거하며, 하나님 없는 자의 칭의와 영원한 삶에 대한 상속권을 얻게 되는 것보다 앞선다(übergeordnet). 베드로전서 1장 3절에 의하면, 다시 태어남은 그리스도의 부활로부터 오며 인간의 희망으로 하여금 영원한 삶을 지향케 한다. '다시 태어남'을 새 창조로 이해하는 것은 이 구절에 있어서 시간적으로 근거되어 있으며, 성령론적으로 전개되고, 종말론적 지향성을 가진다. 성령의 경험은 그리스도를, 실로 부활하신 그분을 현재화시키며, 그분과 함께 종말론적 미래를 현재화시킨다. 바로 이 점에서 성령의 경험은 영원의 현재의 경험이다.287)

나아가 이 경험들이 '태어남'이나 '새로-태어남'으로 파악될 때, 성령은 초기 기독교, 다시 말하여 시리아 지역에 널리 유포되어 있었으나 남성 중심의 로마 제국에서 사라져 버린 한 특이한

286) Ibid., 170.
287) Ibid., 160-61.

상, 곧 '어머니 상'을 나타낸다. 신자들이 성령으로 말미암아 새로 '태어난다면', 성령은 하나님 자녀들의 '어머니'이며, 따라서 이 어머니는 '여자 성령'(Geistin)이라 불릴 수 있다. 성령이 '위로 자'(Paraklet)라면, 그는 '어머니가 위로하는' 것처럼 위로한다. 이러한 점에서 여자 성령은 신자들의 위로자이다.288)

또한 몰트만에 따르면, 남성이나 여성의 종교적 우위권을 철폐하는 메시아적인 성령의 은사는 그리스도교에서 남자들과 여자들의 '세례'를 통하여 상징화된다. 이 세례는 오직 이스라엘에서 오직 남자에게만 행하는 할례 대신에 나타났다. 종말론적인 성령의 은사와 메시아의 나라에로의 인침의 상징인 세례는 원칙적으로 남자와 여자의 '동등권'의 상태를 조성한다. 끝으로 새로운 '종말론적인 상속권'이 이를 증명한다. 믿는 자들은 누구나 남자든 여자든 그리스도와의 메시아적인 사귐 안에서 하나님의 나라에 대한 종말론적 상속권을 얻는다. 그들은 영원한 삶의 상속자요 그리스도의 공동 상속자가 된다(롬8, 17, 갈3, 29, 4, 7 엡1, 14, 2, 8 히6, 17). '종말론적 상속권'은 모계적이거나 부계적인 상속계승과 지배권의 이양은 분쇄한다. 모권 중심주의에 대항한 부권 중심주의의 계속적 투쟁을 보여주는 종교사의 흐름 속에 부권 중심주의를 분쇄하는 메시아니즘이 흐르고 있음을 의미한다고 강조하고 있다.289)

---

288) Ibid., 171. 몰트만은 성령 하나님을 '어머니'라고 부를 때, '아버지' 외에 단지 하나의 다른 근원적 힘(Ursprungsmacht)을 생각하게 된다고 한다. 심리학적으로 볼 때, 어머니로부터의 내적 해방은 아버지로부터의 해방과 마찬가지로 인간의 인간됨에 속한다. 본래 기독교는 이스라엘의 예언자들처럼 남성 중심의 근원적 힘들과 여성 중심의 근원적 힘들 대신 '어린이의 메시아니즘'(Messianismus des Kindes)을 희망의 담지자와 미래의 시작으로 믿었다고 설명하고 있다.

그러므로 본 장에서는 몰트만의 성령론의 특징이라고 할 수 있는 성령의 활동과 경험들에 대한 은유들 가운데 삶의 원천(생명의 샘)으로서의 성령의 자기경험과 나무와 열매로서의 사회경험, 그리고 빛과 빛남으로서의 자연의 경험에 대하여 살펴보고자 한다.

1) 삶의 원천(*fons vitae*)으로서의 성령의 자기경험

몰트만은 현대 산업사회가 그의 참여자들에게 요구하는 육체를 끊임없이 규제하고 억압할 때, 땅을 끊임없이 예속시키고 착취할 때, 인간은 경직되고 땅은 불모지로 변할 것을 경고한다. 그리고 마지막에는 '인간의 죽음'과 기계를 통한 인간의 대체가 올 것이며, 자연의 마지막에는 '생태학적 죽음'이 기다리기 때문에, 현대 사회의 이러한 경향들은 죽음의 충동들이라 말한다. 그러나 육체와 땅의 반항들 속에서 오늘날 살려고 하는 피조물들의 의지가 나타나는데, 죽음에 이르는 현대적 병을 앓는 이 세계 속에서 참된 영성은 삶에의 사랑의 회복, 생동력의 회복이라는 점을 지적하고 있다. 여기서 몰트만은 '삶에 대한 단호한 긍정'과 '살아 있는 것에 대한 단호한 사랑'은 '삶의 원천'(*fons vitae*)이라고 불리는 하나님의 영의 첫 경험들이라고 정의하고 있다.[290] 또한 인간의

---

289) Moltmann, *Gott in der Schöpfung*, 320.
290) Moltmann, *Der Geist des Lebens*, 135-38. 몰트만에 따르면 인간이 하나님과 함께 가지는 첫 경험은 삶에의 측량할 수 없는 해방(자유)의 경험으로 내적으로 이 해방은 죄책의 바리케이드로부터 삶의 에너지가 해방되며, 외적으로 이 해방은 경제적, 정치적, 문화적 억압들의 강요가 파괴되는 사건으로 나타난다. 또한 내적으로는 삶의 새로운 긍정이 일어나며, 새로운 삶의 영역들이

세계와 자연의 세계에서 오늘날 일어나고 있는 파괴의 냉소주의에 저항하기 위하여, 몰트만은 먼저 이 파괴에 대한 내적인 습관을 우리 자신 안에서 극복해야 할 것이라는 문제에 대한 답변과 함께 성령이 그리스도를 통하여 아버지의 자비하심으로 말미암아 온다는 삼위일체적 영의 경험을 기술하고 있다.[291]

바울에 있어 '살리는 영'으로 된(고전15:45) 이는 부활하신 그리스도이다. 요한에 있어 그것은 어머니가 위로하듯 위로하며 신자들이 그로부터 "새로 태어나는"(요3:3-6) 위로자이다. 이 경험들을 시리아의 친천도르프와 같이 '생명의 어머니'라는 은유로 파악하였다. 인간의 생명은 어머니의 생명에 의하여 태어나고 양육되며 동반된다.[292] 그러므로 이에 상응하는 성령의 경험들에 대하여 여성적 은유들을 사용하는 것은 옳은 것이다. 살리는 성령을 '삶의 원천'(*fons vitae*)과 '살리는 생명'(*vita vivificans*)으로 나타낸 중세신학의 표현들은 이것을 분명히 시사하고 있다. 죄의 분리와 죽음의 무관계성의 극복은 삶으로서의 다시 태어남에 상응한다. 자유와 삶은 신적인 영의 경험들에 대한 두 가지 기본

개방된다.

291) Ibid., 82. 삼위일체의 구조는 그리스도 중심주의나 성령 중심주의(Christo-oder Pneumatozentrismus)에 반하여 하나님 중심주의(Theozentrismus)를 보존한다.

292) Ibid., 282-83. 성령의 은유적 표현들에 대하여 몰트만은 다음과 같은 네 가지 은유들로 구분하며 또 다른 은유들에 대한 고찰도 인정하고 있다.

인격적 은유들	주 님	어머니	심판자
조형적 은유들	에너지	공 간	형 태
활동의 은유들	폭 풍	물	사 랑
신비적 은유들	빛의 원천	불	풍요성

요소이다. 새로운 삶 없는 신적인 자유는 공허하며, 자유 없는 삶은 죽은 것이다.[293]

즉, 성령 자체는 '생명의 샘'이며(요4:14, 시36:10), 영원한 성령이 거하는 곳에는 이 샘물이 흘러넘쳐 생명의 물이 '흐른다'. 이것은 성령에 대한 한 가지 다른 상을 제시한다. 곧 생명의 성령의 부어짐과 흐름의 상을 제시한다. 열매들이 나무에서 무르익으며 물이 샘에서 흘러나온다.[294] 또한 성령은 '부어진다'라는 이 은유는, 신적인 '삶의 원천'이 인간 안에서 '흐르기' 시작한다는 것을 말한다(요4:14). '삶의 원천'으로부터 흐르는 '생명의 물'은 원천 자신과 동일한 자질에 속한다. 아버지로부터 아들을 통하여 우리에게 오는 성령의 이 경험을 통하여 우리는 '은혜로 말미암아 의롭게' 되며, 희망 가운데서 '영원한 삶의 상속자"가 된다.[295]

나아가 믿는 자에게 주어지는 것은 하늘의 영원한 영이 아니라 종말론적인 성령의 담보이다. 사실 그분은 그리스도를 죽은 자 가운데서 살리신 분이고 죽은 몸을 소생시킬(롬8:11) 성령이다. 왜냐하면 믿는 자를 진리로 인도할 말씀은 영원한 생의 약속(promissio)이고 현실적 생 자체는 아니기 때문이다.[296] 그리고 하나님의 종말론적인 권능의 특징은 억압과 굴복에 있지 않고, 생명의 샘과 생명의 나무에 있다(계22:1-2). 신적인 생명의 현존은 피조물의 생명의 무한한 원천이 되며, 이리하여 피조물의 영원한 생명이 된다.[297]

293) Ibid., 284.
294) Ibid., 190.
295) Ibid., 159-60.
296) Moltmann, *Theologie der Hoffnung*, 147.
297) Moltmann, 「오시는 하나님」 542. 몰트만은 자신의 정치적 해석학에 있어서도 억압으로부터 생명으로의 해방을 지향하는데 그 이유는 "하나님의 영은 생명의 원천이기 때문"이라고 주장한다. 「신학의 방법과 형식」 136.

그러므로 몰트만은 '성령 안에 있는' 삶은 언제나 '예수의 뒤를 따름'이요, 이 뒤따름은 '이 세계'의 세력들과 세력 있는 자들과의 갈등과 십자가의 고난으로 인도한다고 주장하고 있다. '이 세계' 의 세력들과 강요들로부터의 분리는 필연적으로 이 세력들과 강요들의 희생자들과 연대하게 하며 그들의 삶을 위하여 개입하게 한다.298)

(1) 선취(Anticipation)로서의 성령

몰트만에 따르면 모든 생물들은 자신의 미래를 향하여 실존한다. 그들의 미래는 그들의 과거와 그들의 환경을 통하여 제한되어 있는 그들의 개방된 가능성들의 활동 영역이다. 그러므로 그들의 자극들과 지각들과 행동방식들과 행동들은 선취의 성격을 가지고 있다고 한다.299) 또한 '사람의 영'에 대하여 말할 때 그의 성찰하는 주체성이나 그의 고정된 정체성을 의미하지 않고 신체적-영혼적인 그의 모든 실존의 선취적 구조를 의미한다.

그리고 이 선취들은 제한된 개인의 영역에서만 일어나는 것이 아니라 사회적인 교통의 영역에서 훨씬 강하게 일어난다. 여기에서는 공동의 프로젝트가 회상되고 기획되며 실현된다. 개인의 삶과 방향과 프로젝트들은 공동의 삶의 방향과 프로젝트와 관계되어 있고 이들을 통하여 제한된다. 사람들이 과거와 미래를 구분할 수 있고 미래의 시간적 차원 속에서 자기 앞에 있는 그 가능성의 개방된 활동 영역을 인식할 수 있는 한, 몰트만은 사람들의 유기

---

298) Moltmann, *Der Geist des Lebens*, 168.
299) Moltmann, *Gott in der Schöpfung*, 267-68.

체와 사회적 조직들이 가진 선취의 구조를 '영'이라고 부를 수 있다고 한다.300)

(2) 교통으로서의 성령

몰트만은 사람이 구성이 지닌 '선취의 구조'를 영이라고 말한 다음 '교통의 구조'를 영에 대하여 다음과 같이 설명하고 있다.301)

> 사람의 삶은 자연적이며 사회적인 교통에 의존하고 있으며 이 속에서만 실존한다. 삶은 관계이다. 삶은 교환이다. 이 교환이 사귐을 형성하며 사귐 안에서만 가능하다. 사람의 삶은 필연적으로 사귐의 삶이다. 그것은 공동체 속에 있는 교통이다. 사람의 삶은 개인들 사이에서 일어나는 것이다. 개인의 삶을 자연적이며 사회적인 삶으로부터 분리시킨다면 그것은 개인의 삶을 죽이는 일이다. 그러므로 상호 간의 참여가 사람의 삶을 정의하는 데에 속한다. 영의 개인적 의식으로부터 출발하여 자연적이고 사회적 관계들을 이차적인 것으로 간주한다면 우리는 삶의 이 관련들을 바르게 이해하지 못할 것이다. 영에 대한 이와 같은 개인주의적 인해에 반하여 우리는 다음과 같이 강조하여 주장해야 할 것이다: 영은 삶을 장려하면서 사람들 사이에서 일어나는 것이다.

계속해서 몰트만은 하느님, 곧 영은 사람들을 보다 더 높은 삶으로 함께 묶고 그들을 이 공통적 영역 속에서 다시 특별한 개인들로 만드는 '사귐의 신성'이라고 주장한다. 왜냐하면 '사랑 안에 있는 영'은 공동의 삶을 생기 있게 하는 '공동의 영'인 동시에 그

---

300) Ibid., 269.
301) Ibid., 269-70.

는 각 사람의 인격에서 그 고유의 형태와 권리를 부여한다. 사람
의 사회화와 개인화에 대립되는 것이 아니라 우리가 영이라고 부
르는 구별을 가진 삶의 과정의 두 면들에 불과하다.302)

(3) 삶의 긍정으로서의 성령

다음으로 몰트만은 인간적인 삶의 인간성은 '사랑'이라고 불리
는 삶의 관심과 분명히 직접 관계되어 있다고 지적한다. 즉 모든
아이들이 아는 바와 같이 사랑을 받는 삶만이 인간적으로 체험될
수 있는 삶이다. 모든 성인들이 아는 바와 같이 사랑하며 사랑 속
에서 받아들여지며 긍정적인 삶만이 인간적으로 영위되는 삶이다.
사람은 그저 아무렇게나 살지 않는다. 그는 자기의 삶을 받아들이
고 그것을 긍정하며 그의 사랑을 통하여 생기 있게 하는 그만큼
인간적으로 생동한다. 이러한 정열적인 긍정 속에서 사람은 전력
을 다하여 삶의 행복에 대하여 자기를 긍정하고 삶의 기쁨을 경
험한다. 아무것도 남겨 두지 않고 정열적으로 삶을 사랑할수록 그
는 더욱더 강렬하게 삶의 고통도 경험한다. 그는 삶으로 인하여
행복의 능력을 가지는 동시에 고난의 능력을 가지게 된다. 이것은
삶과 죽음에 대해서도 해당된다.303)

또한 몰트만은 우리가 '삶의 영'을 행복과 고통, 삶과 죽음의
이 '긍정' 속에서 경험한다면 이미 삶 속에 하나의 죽지 않는 영
원한 삶이 있음을 발견한다고 한다. 왜냐하면 이 삶은 숨겨져 있
고 살지 않는 삶이 아니라, 이와 반대로 완전히 그리고 남김없이

---

302) Ibid., 270.
303) Ibid., 271-72.

사는 삶이다. 구약성서에 있어서 영은 신적인 삶의 힘으로 창조적
인 '삶의 영'으로 이해된다. 신약성서에 있어서 성령은 '부활의
힘'으로 얘기된다. 삶을 창조하는 이 영은 이 삶 속에서 절대적인
사랑 가운데서 경험된다. 그러므로 절대적인 사랑은 죽은 자들의
부활을 확신한다. 부활의 영 가운데서 영원한 삶, 곧 조건 없는
사랑이 죽음에 이르는 삶 한복판에서 경험된다.304)

2) 나무와 열매로서의 사회적 경험

몰트만은 일반적으로 성서의 상들은 즐겨 '나무와 열매들'에 대
하여 말한다고 지적한다. 예를 들어 성령의 열매는 '사랑, 기쁨,
평화, 인내, 친절, 선행, 진실, 온유, 절제'입니다. 이 열매들은 '음
행, 추행, 방탕, 우상 숭배, 마술, 원수 맺는 것, 싸움, 시기, 분노,
이기심, 분열, 당파심' 등 '육의 일들'과 대립된다(갈5:22, 19)는
것이다. 여기서 몰트만은 이 상이 바르다면, 육의 일들은 '만들어
지는' 반면, 성령의 열매는 '자란다'고 말할 수 있으며, 우리는 성
령의 열매를 만들 수 없다고 한다. 왜냐하면 우리는 그것을 우리
안에서 자라게 할 수 있기 때문이다.305)

또한 몰트만은 '하나님의 형상'은 육체로부터 구별되는 개체 인
간의 영혼이 아니라고 지적한다. 성적 특성을 가진 충만한 사귐
속에 있는 모든 인간이 '하나님의 형상'으로, '하나님은 그들을 남

---

304) Ibid.,
305) Moltmann, *Der Geist des Lebens*, 190.

자와 여자로 창조하였기' 때문이다(창1:27). 거울의 상을 고수할 때, 우리는 하나님이 자기 자신을 인식하듯이 여자들과 남자들, 부모와 자녀들이 참 인간적인 사귐에서 인식한다. 그렇다면 신비적 자기경험이 아니라, '사회적 자기경험'과 '인격적 사귐의 경험'이 하나님 경험의 장소이라고 몰트만은 말한다. 육체로부터 구별되며 사귐으로부터 자기를 분리하는 각자의 영혼은 그가 하나님에 의하여 인식되듯이 하나님을 인식하기 위하여, 자기 자신을 먼저 신체화시켜야(verleiblichen) 하며 사회화시켜야(sozialisieren) 한다.306)

그리고 성령의 하나님은 인간적인 사귐 속에서 그리고 이 사귐을 통하여 언제나 공동체적 하나님으로 경험된다고 몰트만은 주장한다. 성령의 에너지들은 관계들의 힘이며, 하나님의 영 안에 있는 이 사귐의 경험은 유일신론적 하나님 상의 개체주의에서 해방하기 때문이다. 하나님의 현존은, 지배할 수 있도록 만들기 위하여 인간이 분리시키는 것 속에서 경험되지 않는다. 오히려 그것은 서로 생동케 하기 위하여 서로 결합되는 것 속에서 경험된다. 하나님의 영은 '생명의 원천'(fons vitae)으로서, '살게 하는 생명'(vita vivificans)으로서 체험된다. 성령 안에서 영혼과 몸의 분리는 지양된다. 몸은 '성령의 전'이 되며, 하나님은 '몸으로 찬양을 받는다'(고전6:19, 20).307)

더욱이 성령은 모든 사람들을 메시아적 백성의 친교에로 인도하며 동시에 그 자신의 위치와 그의 특수한 임무를 부여한다. 메시아적 역사 속에서 모든 사람은 그리스도 안에서 그들의 새로운

306) Ibid., 106.
307) Moltmann, 「신학의 방법과 형식」 313-34.

주체성을 발견하며 그들이 개인적으로 속해 있는 위치를 발견한다. 성령은 사회화함으로써 개체화한다. 그리고 성령은 개체화함으로써 사회화한다. 여기에서 우리는 함께 그리고 서로를 위하여 산다. 특수한 임무는 공통된 임무를 강하게 하며 그리고 공통된 임무는 특수한 임무 속에서 그 자신을 나타낸다.[308]

또한 이러한 성령이해뿐만 아니라, 몰트만은 다음과 같이 삶과 죽음에 관계를 함께 다루고 있다.

신약성서에 있어서 삶과 죽음의 관계는 완전히 다르게 생각되고 있는데 그것은 '겨자씨의 비유'에 나타난다: "밀알 하나가 땅에 떨어져 죽지 않으면 혼자 남게 된다. 그러나 죽으면 많은 열매를 맺는다." 영혼에 대하여 루가는 똑같이 말한다: "누구든지 제 목숨을 살리려는 사람은 잃을 것이며 제 목숨을 잃는 사람은 살릴 것이다."(17, 33). 바울로는 드디어 다음과 같이 말한다. "썩을 몸으로 묻히지만 썩지 않는 몸으로 다시 살아납니다. 천한 것으로 묻히지만 영광스러운 것으로 다시 살아납니다. 약한 자로 묻히지만 강한 자로 다시 살아납니다. 육체적으로 묻히지만 영적인 몸으로 다시 살아납니다."(고전15:42-44) 여기에 묘사되어 있는 모습은 먼저 살지 않으며 따라서 죽을 수 없는 삶의 열매 맺지 못함을 가리키고 있다. 겨자씨가 땅에 떨어져 희생되어 죽지 않으면 그것은 '혼자' 남아 있다. 그것은 열매를 맺지 못한 채 남아 있다. 이것은 '삶 이전의 죽음'이 있음을 뜻한다. 이 죽음은 자기 안에 묻혀 있고 살지 않고 자기를 개입하지 않는 삶이다. 위에서 말한 혼자 머물러 있음은 의미 없고, 의미 없기 때문에 희망이 없는 죽

---

308) Moltmann, *Kirche in der Kraft der Geistes*, 329.

음이다. 이에 반하여 삶이 몸으로 영위되고 세상적으로 개입될 때 그것은 상처를 입고 죽을 수 있게 된다. 그러나 그것은 자기의 헌신을 통하여 열매를 맺는다. 그가 경험하는 죽음은 열매를 맺을 수 있는 죽음이고 이 점에 있어서 의미 있는 죽음이다.[309]

3) 빛과 빛남으로서의 자연의 경험

몰트만은 성령에 대한 셋째 상은 '빛과 빛남'의 상이라고 제시하고 있다. 이 은유들과 함께 우리는 고독한 주체와 그의 업적들의 세계를 버리고 삶의 생동하는 관계들의 영역으로 들어온다. 이 상들은 자연으로부터 유래한다. 샘물이 흐르는 곳에는 삶이 번창한다. 햇빛이 비치면 모든 것들이 빛나기 시작한다. 자연이 열매를 맺는 곳에 삶이 있다.[310]

성령의 카리스마적 경험에 있어서 하나님의 영은 '역동케 하는 에너지'로 경험된다고 한다. 그리고 성령이 카리스마적으로 경험되는 방법은 예전부터 '흐르다', '부어지다', '빛나다' 등으로 묘사되었다. 이러한 경험들로부터 추리할 때, 성령은 에너지의 근원으로서 빛나는 광채의 '빛의 원천'으로서 경험된다.[311]

영은 저 예수 그리스도의 빛나는 미래에 이끌어가며 그것에 인간 존재와 만물의 미래와 빛남이 달려 있다. 그래서 영은 예수 그리스도의 파견과 사랑에 참예함으로 받는 고난의 힘이며, 이 고난

309) Moltmann, *Gott in der Schöpfung*, 271-72.
310) Moltmann, *Der Geist des Lebens*, 190-91.
311) Ibid., 208.

가운데서 생과 자유와 부활의 미래가 가진 가능한 것, 장차 올
것, 약속된 것을 위하여 갖는 정열이다.[312]

영광(Herrlichkeit)은 빛나는 하나님의 광채와 그의 무한한 아름
다움에 있다. 보석과 진주와 수정은 그들 자신의 아름다움을 통하
여 그의 빛을 반사하는데, 이 아름다움은 그들 위에 오는 신적인
빛 속에서 빛나기 시작한다. 모든 추한 것은 하나님의 도시의 아
름다움에 의하여 배제된다. 하나님의 내주하는 현존은 모든 것 속
에 스며들어 빛나게 하는 빛의 원천이다. 투명하게 빛나는 빛은
모든 것 속에 스며드는 하나님의 현존을 나타내는, 그리고 피조물
들을 파괴하지 않고 그들을 성취시키는 삼투(Perichorese)를 나타
내는 표징이다. 수없이 많고 현란한 신적인 빛의 반사들은 풍요로
움과 하나님의 현존하는 영광에 대한 피조물들의 영원한 참여를
나타낸다.[313]

'빛'에 대한 성서적 근거는 창세기 1~4장과 요한복음 1~5장으로
요한복음 8장 12절에서는 "예수께서 또 말씀하시기를 나는 세상의
빛이니 나를 따르는 자는 어둠에 다니지 아니하고 생명의 빛을 얻
으리라"라고 한다. 이 말씀은 우리의 신앙의 원천에 희망과 열정
과 자신감이 생길 수 있도록 침묵 속에 기도할 때, 신앙이 열매
맺을 가능성과 비전(vision)을 가지는 것으로 이러한 '빛'으로의 이
해는 다음의 네 가지 의미를 나타낸다. 첫째, 빛이 있으면 만물이
어르러진다. 둘째, 개인에게 빛이 있으므로 그의 주변이 밝게 되어
다른 사람들을 아름답게 한다. 셋째, 불빛이 있으면 주변을 따뜻하
게 만들어준다. 넷째, 빛은 인생의 방향을 알려준다는 점이다.

---

312) Moltmann, *Theologie der Hoffnung*, 193.
313) Moltmann, 「오시는 하나님」 541.

그러므로 몰트만에 의하면 열매, 샘, 빛의 세 가지 상들은 모두 창조자와 피조물의 차이를 벗어나서 하나님으로부터 인간으로 오는 에너지의 흐름을 제시한다. 성령에 대한 이 세 가지 은유들은 신 플라톤 철학의 유출설에 의하여 적절하게 표현된다. 하나님은 세계에 대하여 대칭하여 서 있는 주체일 뿐 아니라, 모든 생명이 거기서 나오는 샘이요, 열매를 맺는 나무이며, 모든 것을 밝게 비추며 따뜻하게 하는 빛이다. 성령을 통하여 하나님의 영원한 생명이 흘러나오며, 그의 넘쳐흐르는 힘과 에너지는 온 땅을 충만케 한다. 이 넘쳐흐르는 성령 가운데 경험되는 삶은 신적 삶이요, 하나님과 영원한 사귐 속에 있는 삶, 거룩한 삶이다.314)

3. 메시아적 예배와 삼위일체론적 찬미

몰트만은 삼위일체론은 그리스도를 직관하여 성령의 사귐 속에서 이루어지는 하나님의 경험의 '표현'으로서 '찬미의 형태'를 가지며, 하나님에 '관한' 신학의 진술은 하나님을 '향한' 찬미적인 진수로부터 유래하며 하나님 앞에서의 진술로 존속한다고 주장한다.315) 그리고 찬미(Doxologie)에 신학의 아름다움이 있으며, 하나님에 대한 기쁨은 그분 가까이 있는 현존재의 기쁨을 통하여

---

314) Moltmann, *Der Geist des Lebens*, 190.
315) JIbid., 85.

표현된다고 말한다.316) 또한 몰트만이 삼위일체론을 쓰게 된 동기
와 목적에 대하여 자신이 표명한 말에 의하면, 삼위일체론의 바른
이해를 통하여 서방교회와 동방교회가 가지고 있는 교회 간의 어
려운 문제를 극복하여 그리스도에 대한 하나의 믿음을 가질 수 있
게 하는 것과, 유대교와 그리스도 교회가 다 같은 성서와 하나님
에 대한 믿음 안에서 있음에도 불구하고 양자 간에 분열이 있으므
로, 이 분열을 극복하는 데 도움을 주려는 데 있다고 한다.317)

성서적으로 근거된 삼위일체론에 의하면 아버지 하나님은 그의
아들을 계시하며(갈1:16), 아들은 아버지를 계시하며(마11:27), 양
자는 함께 성령을 통하여 신적 본질의 영원한 생명과 영원한 사
랑과 영광을 계시한다.318)

또한 전통적으로 '삼위일체의 사역'은 삼위일체의 특수한 각 인
격에 소속되어 이루어지는 것일 뿐만 아니라, 다른 인격들이 배제
되지 않는 것으로 이해되어 왔다. 그러므로 창조는 아버지의 '사
역'이요, 화해는 아들의 '사역'이요, 성화나 구원은 성령의 '사역'
이라고 간주되고 있다.319) 상호 관계 속에 있는 삼위일체의 인격
들을 통하여 일어나는 신적인 삶의 순환과 비슷하게 또한 신적인
영광 가운데에서 그들의 관계를 통하여 일어나는 인격들의 상호
표출(Manifestation)의 과정이 있다. 삼위일체의 인격들은 서로 상
대방 안에서 존재하고 살 뿐만 아니라 신적인 영광 가운데에서
서로 자신을 표현하기도 한다. 영원한 신적 영광은 인격들의 삼위

---

316) Moltmann, 「신학의 방법과 형식」 42.
317) 이종성, 「삼위일체론」 (서울: 대한기독교출판사, 1999), 657.
318) Moltmann, 「신학의 방법과 형식」 80.
319) Moltmann, *Trinität und Reich Gottes*, 112.

일체적 표출을 통하여 표현된다. 영원 전부터 아버지는 '영광의 아버지'(엡1:17), '영광의 광채'의 영원한 말씀(히1:13)이며, 성령은 '영광의 영'(벧전4:14)이다.320)

그러나 몰트만에 따르면 현대 세계의 윤리주의와 실용주의가 삼위일체론을 윤리적 일신론으로 해소시켜 버렸다. 신앙을 실천으로 위축시킴으로써 신앙은 풍요하게 된 것이 아니라 오히려 더 빈약하게 되었다. 실천 자체도 율법적이며 강제적인 것이 되었다. 그러므로 실천의 해방을 위하여 명상과 사색과 찬양을 다시 발견하는 것이 중요하다. 실천과 예배는 분리되지 않고 오직 함께 인간을 하나님의 역사에로 인도하기 때문이다.321) 왜냐하면 삼위일체의 하나님은 인간, 세계, 시간에 대해서 열려 있는 하나님이기 때문이다.322)

또한 몰트만은 자신의 삼위일체론의 특징을 십자가 신학에서 출발점을 삼으며 다음과 같이 주장하고 있다.

> 기독교의 삼위일체론은 십자가 사건에 대한 배면의 근거(Hinter-grund)이며, 십자가에 달린 그분은 하나님의 삼위일체적 비밀의 계시이다. 그러므로 삼위일체론은 십자가의 신학의 형식적 원리(Formalprinzip)라면, 십자가의 신학은 삼위일체론의 내용적 원리(Materialprinzip)라고 말할 수 있다. 이것은 그리스도의 부활에서 계시된다.323)

그러므로 몰트만은 삼위일체 되신 하나님을 찬미하고 있는바

---

320) Ibid., 192.
321) Ibid., 241. 또한 몰트만은 근대가 시작하기 전까지는 전통이 경험의 지혜들을 전하여 주었으며 진리의 증명은 "옛날에 그렇게 말하였다"(π α ι λ ε τ α ι)고 말하는 것으로 족하였으나 근대는 실험적으로 확실한 경험(Empirie)과 함께 시작한다고 주장하고 있다. J. Moltmann, *Der Geist des Lebens*, 52.
322) Moltmann, *Kirche in der Kraft der Geistes*, 69.
323) Moltmann, 「신학의 방법과 형식」 327.

그대로 인식하기 위하여 그를 하나님의 이 삼위일체적 역사의 '선험적 근거'라고 파악할 수밖에 없다고 한다. 이러한 파악으로 몰트만은 심리학적 삼위일체론에 반하여 구원사적이며 사회적 삼위일체론을 전개하게 된다.[324]

즉 삼위일체론이 그리스도를 직관하여 성령의 사귐 속에서 이루어지는 하나님 경험의 표현으로서 찬미의 형태를 가지며, 더욱이 하나님에 관한 신학의 진술은 하나님을 향한 찬미적인 진술로부터 유래하며 하나님 앞에서의 진술로 존속한다고 주장함으로써 찬미를 강조하고 있다.[325]

또한 삼위일체적 찬미에 있어서 우리는 하나님을 그 자신 때문에 경배하며, 그는 있는바 그대로이기 때문에(*weil er ist, was er ist*) 숭배한다. 그러므로 삼위일체적 찬미가 표상하는 삼위일체의 모습은 '내재적 삼위일체'이다.[326]

그리고 경륜적 삼위일체와 내재적 삼위일체를 구분하게 되는 다른 하나의 구체적인 출발점은 찬미에 있다. 삼위일체 되신 하나님의 영원한 삶과 자기 자신 안에 있는 영원한 관계에 대하여 내재적 삼위일체가 진술하는 것은 교회의 예배에서 일어나는 찬미로 말미암은 것이다.[327]

나아가 삼위일체적 찬미는 삼위일체 하나님의 이름으로 시작하며 그의 이름으로 드리는 축복으로 끝나는 예배의식을 중단시킨다. 이리하여 삼위일체적 찬미는 삶의 체험 자체에 속하는 것을

324) Moltmann, *Trinität und Reich Gottes*, 173-74.
325) Moltmann, *Der Geist des Lebens*, 85.
326) Ibid., 317.
327) Moltmann, *Trinität und Reich Gottes*, 169

예배의식(Liturgie) 속에서 표현한다. 교회의 예배의식은 '창조의 우주적 예배의식'을 나타내며 '삶의 신적인 예배의식'에 상응하고자 하기 때문이다. 삶 속에서 '영원한 순간'을 인지하는 것은 신적인 예배의식에서 드리는 삼위일체적 찬미에 상응한다.[328]

더욱이 찬미의 운동들에 있어서 성령의 경험은 그의 미래에 의해서 인간에 대한 하나님의 영광 속에 있는 인간의 성취된 영광의 시작과 보증으로서 이해된다.[329]

이러한 몰트만의 삼위일체론을 이해하고 찬미로서의 메시아적 예배에 대한 이해를 위하여 본 장에서는 몰트만의 신학에서 강조하는 사랑의 신비적 사다리와 관계들의 순환성(Perichoresis), 삶의 거룩한 예배의식에 대하여 고찰하고자 한다.

1) 사랑의 신비적 사다리

몰트만은 해방신학자 존 소브리노(Jon Sobrino)의 사랑의 이성(*intellectus amoris*)이란 표현을 받아들여, 사랑을 권리를 상실한 자들에게 그들의 권리를 회복하여 주며, 짐 진 자들을 다시 세우며, 슬퍼하는 자들을 위로하며, 땅의 표면을 갱생하는 성령으로 파악하고 있다. 나아가 사랑은 이 세계 안에 있는 살아 계신 하나님의 실제적 현존으로 장차 올 하나님의 나라와 그의 의의 실천으로 보고 있다.[330]

---

328) Moltmann, *Der Geist des Lebens*, 316.
329) Moltmann, *Kirche in der Kraft der Geistes*, 72-3.
330) Moltmann, 「신학의 방법과 형식」 74-5.

그리고 몰트만은 인간 사이의 가장 강열하고 가장 내적인 관계는 사랑이라고 정의한다. 왜냐하면 사랑은 삶을 사랑받을 만한 가치가 있게 하며, 사랑으로부터 새로운 삶이 솟아나기 때문이다. 사랑은 죽음만큼 강하다.331) 왜 사랑은 '죽을 만큼' 강한가? '그것의 열화는 불과 같으며' 사랑 자신이 '주님의 불길'이라 불리기 때문이다(아8:6).332)

나아가 몰트만에 의하면 참된 영성은 충만하고 나뉘지 않는 생명 사랑의 회복이다. 생명에 대한 온전한 긍정과 모든 생명체에 대한 거리낌 없는 사랑은 성령의 첫 체험이다. 고대로부터 하나님의 영(ruah Jahwe)이 '생명의 샘'(fons vitae)이라고 일컬어지는 것도 바로 이 때문이다. 인간과 자연의 세계의 살아가는 생명체를 전멸시키는 냉소주의에 저항하기 위해서 인간들은 우선 점점 커지는 마음의 무관심을 극복해야 한다.333) 왜냐하면 사랑은 우리가 그것으로 고착되며 우리가 우리 자신에 대하여 가진 상들로부터 해방시키기 때문이다.334)

또한 사랑 안에서 인간은 이미 새 창조의 능력으로부터 그리고 메시아의 시대의 가능성 안에서 살아갈 수 있다. 복음이 종말론적으로 이해되는 그리스도의 역사를 내용으로 가지기 때문에 바로 그리스도의 역사는 복음의 공적인 선포를 위한 전제이기도 하다.335)

바울은 십자가에서 일어난 하나님의 버림의 사건을 아들의 내

---

331) Moltmann, *Der Geist des Lebens*, 271.
332) Ibid., 275-76.
333) Ibid., 93.
334) Ibid., 276.
335) Moltmann, *Kirche in der Kraft der Geistes*, 243.

어줌(희생 – 역자)으로 해석하며 아들의 내어줌을 하나님의 사랑으로 해석하였다. '우리를 떼어놓을 수 없는'(롬8:39) 하나님의 사랑은 그리스도의 십자가에서 일어났으며 십자가 아래에서 경험된다. 자기의 아들을 하나님의 버림과 고독과 폐기의 이 모든 심연과 지옥으로 보내는 아버지는 그의 아들 안에서 그의 자녀들 가운데에 어디에나 계시며 어디에나 현존하게 되었다. 아들을 내어줌으로써 그는 '모든 것'을 주시며, '그 무엇도' 우리를 그에게서 떼어놓을 수 없다. 이리하여 그 안에서 '하나님이 모든 것 안에 모든 것'이 되실 하나님 나라의 언어가 시작한다. 십자가에 달린 형제의 하나님의 버림 받음 속에서 하나님의 현존과 사랑을 한번 인식힌 사람은 하나님올 모든 것 안에서 본디(시 139:8). 이것온 죽음을 경험한 사람이 그 이전에 알지 못하였던 방법으로 모든 것의 생동성을 느끼게 되는 것과 같다.[336]

하나님의 자기 없는 사랑과 그의 신적 완전성은 오직 삼위일체적 하나님 개념에서만 모순 없이 함께 생각된다고 한다. 즉, 세 신적 인격은 완전한 자기 없는 사랑 속에서 서로를 사랑한다. 그의 사랑의 힘으로 아버지는 전적으로 아들 안에 있고, 아들은 전적으로 아버지 안에 있으며, 성령은 전적으로 아버지와 아들 안에 있다. 서로의 헌신을 통해 그들은 완전한 신적 삶을 형성하며, 이 삶은 헌신을 통해 자기 자신을 나누어준다.[337]

인간적인 삶은 생동성(lebendigkeit)이며, 인간의 생동성은 관심을 가지는 것(Interessiertsein)을 말한다. 삶에 대한 관심을 우리는 사랑이라 부를 수 있다. 참으로 인간적인 삶은 사랑으로부터 오

---

336) Moltmann, *Der Weg Jesu Christi*, 254.
337) Moltmann, 「오시는 하나님」 549.

고, 사랑 안에서 생동하며, 사랑을 통하여 다른 사람의 삶을 생동하게 만든다.338)

생동케 하는 영이신 하나님이 사랑이라면, 인간의 사랑의 경험들은 이 하나님 경험의 열려진 공간 속에 있으며 하나님 경험을 통하여 강렬해진다.339) 하나님은 사랑이시며, 사랑은 고난을 받을 수 있게 하고, 사랑의 고난 가능성은 고난당하는 자의 헌신과 자기희생에서 완성된다. 자기희생이 하나님의 본질이다.340) 영원한 신적인 삶의 '순환'은 영원한 사랑 속에 있는 세 가지 다른 인격들의 사귐과 단일성을 통하여 완전해진다.341) 영원한 사랑은 오직 다른 대상들을 지향한다. 아버지, 아들, 성령의 신적 인격들을 삼위일체 가운데서 사로 다른 존재로 계시면서 서로를 위하여 존재하며 서로에게 상응한다.342)

사랑은 하나의 욕구(Begehren)이다. 욕구될 만한 가치가 있는 것은 존재자 그 자체가 아니라 선한 존재자이다. 하나님은 가장 높은 존재인 동시에 가장 높은 선(*summum bonum*)이다. 그러므

---

338) Ibid., 107.
339) Moltmann, *Der Geist des Lebens*, 280.
340) Moltmann, *Trinität und Reich Gottes*, 48. 몰트만은 사랑과 관련하여 하나님의 수난의 신학을 "하나님은 사랑이시다"(요일4:16)에 근거하고 있으며, 사랑에 대하여 다음과 같이 전개하고 있다. 1. 사랑은 선의 자기 전달이다. 2. 모든 자기 전달은 자기 자신을 구별할 수 있는 능력을 전제한다. 3. 하나님께서 자기를 전달하기로 결단(ent-schlieβ t)하심으로써 그는 자기 자신의 본질을 개방한다. 4. 하나님은 사랑이다. 5. 하나님이 아니지만 하나님에게 상응하는 하나의 세계를 창조하심으로써 하나님의 자기 낮추심, 무소부재하신 자의 자기 제한과 영원한 사랑의 고난이 시작된다. 6. 하나님의 사랑의 고난으로부터 자신의 구원의 과정도 자유와 사귐을 향한 세계와 인간의 구원과 결부되어 있다. 72-6.
341) Ibid., 191.
342) Moltmann, *Der Geist des Lebens*, 150.

로 하나님은 인간에 대하여 가장 욕구될 만한 가치가 있는 자이
다. 그런데 욕구는 욕구하는 주체를 전제하기 때문에, 하나님 사
랑은 크게 자아와 관계되어(ichbezogen) 있다. 자아와 그의 행복
과 관계되어 있지 않은 것은 사랑받을 수 없다. 대부분의 중세신
학자들이 말하는 '사랑의 사닥다리'는 이웃사랑에서 자기 사랑으
로, 자기 사랑에서 하나님 사랑으로 발전한다. 사랑의 이 '물리적
구상'은 자기 사랑과 하나님 사랑의 은폐된, 그러나 파괴될 수 없
는 동일성으로부터 출발한다.[343]

사랑의 이 '물리적 구상'에서 우리는 원칙적으로 원상(Urbild)을
분명히 인식할 수 있다: 창조의 지배체제는 '최고의 선'(*summmum
bonum*)으로부터 '하나님의 형상'(*Imago Dei*)으로, 하나님의 형상
에서 '하나님의 흔적들'(*vestigia Dei*)로 내려온다. 이리하여 인간
의 욕구하는 사랑이 낮은 단계의 선으로부터 가장 높은 선으로
올라가게 된다.[344]

그의 사랑의 자유로운 풍요 속에서 영원한 하나님은 자기로부
터 나와서 자기와 같이 존재하지만 자기와는 다른 하나의 창조,
하나의 현실을 지으신다. 아들을 통하여 그는 그의 창조를 지으시
고 화해하게 하시고 구원하신다. 성령의 능력 속에서 하느님은 그
의 창조와 그의 화해와 창조의 구원 속에 임재한다. 하나님으로부
터 오는 모든 것을 담고 있는 사랑의 풍요 속에 그의 피조물들의
모순을 견디어 낼 수 있는 자발성이 있다. 그의 희망의 고난당하
는 인내를 통하여 세계를 화해시키고 구원하고자 하는 의지가 이
미 그 속에 있다.[345]

---

343) Ibid., 261.
344) Ibid., 262.

하나님의 의지와 본질의 일치는 '사랑의 개념'을 통하여 적절하게 파악될 수 있다. 즉 하나님은 그가 영원히 자기인 바의 바로 그 사랑을 가지고 세계를 '사랑한다'. 이것은 하나님이 세계를 영원히 사랑한다는 것을 뜻하지 않는다. "하나님은 사랑이다"라는 신약성서 최고의 명제는 우리가 하나님을 최고의 실체로 이해할 뿐만 아니라 주체로 생각하며 절대적 주체로 이해할 뿐만 아니라 최고의 실체로 생각할 때만이 이해될 수 있다. 이 두 가지 형이상학적인 사고의 가능성들은 '하나님'은 '자비이시라'는 하나님의 이 '실천적 정의'가 삼위일체론적으로 근거되고 해석될 때 새로 통합되고 개선될 것이다.346)

사람들은 종종 목마른 자들을 마시게 하고, 주린 자에게 음식을 주고, 나그네를 영접하고, 갇힌 자를 방문한 일을 윤리에서 다루고, 추상적인 이웃사랑에 대해서 말하였다. 세계 심판자와 가장 작은 자들의 잠정적인 동일시에 근거해서 우리는 여기서 그리스도의 사랑을 말해야 한다. 루터가 말한 것같이 한 사람이 사랑이 사랑에 있어서 다른 사람을 위해 마음을 열면서 그리스도와 같은 한 그리스도인이 되는 것뿐만 아니고 동시에 다른 사람이, 무시된 자가, 부자의 문 앞에 있던 나사로가 그리스도와 같은 한 사람, 즉 구원자와 심판자가 되어야 한다. 이웃사랑, 봉사(Diakonie), 가난한 자를 돌봄, 발전에 대한 조력 등의 기독교적 프로그램은 종종 이 역사의 가시를 은폐한다. 왜냐하면 그것은 약간의 사랑의 노력을 가지고 주린, 목마른, 헐벗은, 옥에 갇힌 그리스도를 돕는다고 생각하기 때문이다.347)

---

345) Moltmann, *Gott in der Schöpfung*, 35.
346) Ibid., 134-35.

2) 관계들의 순환성

하나님의 삼위일체적 역사의 통일성을 몰트만은 상호 관계 속에 있는 세 가지 신적 인격들의 개방되어 있고 연합시키는 일치로 이해하였다. 삼위일체 되신 하나님의 이 연합시키는 일치가 구원의 총괄 개념이라면, 이 일치의 '선험적 근거'는 하나님의 단 하나의 동질적 본질(*substantia*)에도 있을 수 없으며, 단 하나의 동일한 절대 주체에도 있을 수 없다. 그렇다면 이 일치는 아버지, 아들, 성령의 영원한 순환(*Perichorese*)에 있다. 즉 하나님의 삼위일체적 사귐의 관계들로 이루어지는 역사는 삼위일체의 영원한 순환과 상응한다. 왜냐하면 이 삼위일체적 역사는 그의 구원의 사건에 있어서, 다시 말하여 모든 창조를 받아들이고 연합시키는 일의 시작에 있어서 아버지와 아들과 성령의 영원한 순환에 불과하기 때문이다.[348]

또한 몰트만은 우리가 역사와 구원의 경험을 근거로 삼위-일체 되신 하나님의 단일성을 아버지, 아들, 성령의 순환적(perichoretischen) 일치에서 인식할 수밖에 없다면, 이 단일성과 상응하는 것은 자기 자신과의 관계 속에 있는 고독한 인간 주체도 아니고, 세계에 대한 통치를 요구하는 인간 주체도 아니다. 오히려 그것은 특권과 의존이 없는 인격들의 인간적인 사귐일 뿐이다. 존경과 좋아함과 사랑을 통하여 성령이 연합시키는 그리스도의 공동체의 경험은 삼위일체 되신 하나님의 순환적인 일치와 상응한다. 사람들이 성령의 사귐 속에서 더욱더 자신을 열어 함께, 서로를 위하여, 그리고 서로 상대방 안에서 실존하게 되면

---

347) Moltmann, *Kirche in der Kraft der Geistes*, 144.
348) Moltmann, *Trinität und Reich Gottes*, 174-75.

될수록, 그들은 아들과 아버지와 하나가 되며 그리고 아들과 아버지 안에서 하나가 된다(요17:21).[349)

그리고 삼위일체적인 '순환'은 신적인 삶, 영원한 '사랑'이라고 불리는 삶의 가장 높은 강열함을 나타낸다. 거꾸로 하느님의 무한한 삶의 강열함은 신적인 위격들의 영원한 '순환' 속에 나타난다. 삼위일체의 순환은 경직된 구조가 아니라 모든 살아 움직이는 것의 원천이요 모든 반항의 소리이며 리듬 있게 춤추고 움직이는 것들의 근원이 되는 사랑의 가장 강열한 자극이요 절대적 안식으로 이해될 수 있다.[350) 왜냐하면 삼위일체 되신 하나님 안에서 영원한 삶의 과정이 능력들의 교환을 통하여 일어나기 때문이다.[351)

이러한 상호 간의 내주 곧 페리코레시스(Perichoresis) 사상은 그리스 교부들의 신학에서 유래한다. 이 개념은 획일성 없는 사귐, 개인주의 없는 인격성을 시사한다. 신약성서에서 이 개념은 두 번만 사용되며(마3:5, 14:35), 여기서는 단지 '환경'을 뜻한다. 이 단어를 최초로 사용한 인물은 나치안츠의 그레고리(Gregor von Nazianz)였으며, 요하네스 다마스케누스(Johannes Damaszenus)는 이것을 그의 기독론과 삼위일체론에 대한 기본 개념으로 삼았다. 이 개념은 라틴어로 먼저 *circumincessio*로 번역되었고, 나중에는 *circuminsessio*로 번역되었다. 전자의 단어가 역동적 침투(incedere)를 나타낸다면, 후자의 단어는 머물러 있는, 휴식하는 내주 (insedere)를 나타낸다.[352)

---

349) Ibid., 175.
350) Moltmann, *Gott in der Schopfung*, 36.
351) Moltmann, *Trinität und Reich Gottes*, 191.
352) Moltmann, 「신학의 방법과 형식」 336-37. 요한네스 다마스커스는 기독론에서 페리코레시스는 하나님인 동시에 사람이신 그리스도 안에 있는 두 가지 다른

나아가 몰트만은 튀빙겐 대학의 자신의 전임자였던 요한 토피아스 베크(J. T. Beck)가 주장한 유기체 상호 간의 순환(Perichoresis) 이론에 영향을 받아 자신의 삼위일체론을 전개하고 있다.353) 즉, 다른 인격 안에 있는 단 하나의 인격의 깊고 완전한 거함의 차원을 넘어서 영원한 신적인 삶의 순환을 표현하고 있다. 이 순환 이론은 삼위성을 통일성으로 환원시키지 않으며, 통일성을 삼위성으로 해소시키지도 않으며, 단지 삼위성과 통일성을 결합하는 것을 의미한다. 이처럼 순환론적으로 이해할 때, 삼위일체의 인격들은 신적인 삶의 영원한 순환 속에서 자기 자신을 통하여 그들의 통일성을 형성한다는 것이다.354)

삼위일체의 통일성을 페리코레시스적으로 파악할 때, 그 통일성은 자기 자신 안에 폐쇄되어 있는 배타적 통일성이 아니라, 요한복음 17:21에서 예수가 제자들을 위하여 '그들도 우리 안에 있도록' 하고 성부께 기도하는 것처럼, 하나의 열려 있고 초대하며 통합시키는 통일성이다. 인간이 삼위일체 하나님 안에 내주하는 것은 인간 안에 있는 삼위일체 하나님의 내주에 상응한다. '나를 사랑하는 사람은 나의 말을 지킬 것이다. 그리고 나의 아버지께서 그를 사랑하실 것이며, 우리는 아버지께로 가서 아버지 안에 거할 것이다(요14:23). 페리코레시스는 같은 유(類)의 다른 것들만 결합시킬 뿐 아니라, 다른 유들의 다른 자들도 결합시킨다.355)

본성들, 곧 신적 본성과 인간적 본성의 상호 침투(Durchdringung)를 묘사한다. 삼위일체론에서 페리코레시스는 성부, 성자, 성령의 동질적이며 신적인 품격들의 상호 내주를 나타낸다. 여기서는 혼합도 없지만 분리도 없는 상관성(Wechselseitigkeit)을 나타내는 그리스어 hidrysis가 사용되었다.

353) Moltmann, 「오시는 하나님」 475.
354) Moltmann, *Gott in der Schopfung*, 30.
355) Moltmann, 「신학의 방법과 형식」 343.

예를 들어 아버지와 아들과 성령의 내적인 사귐은 사람들의 근본적인 사귐들 속에서 대변되고 창조와 구원을 통하여 그들 속에서 나타난다. 그렇다면 소위 말하는 삼위일체 되신 하느님의 '지배'는 그의 창조와 그리고 그의 백성과의 사귐을 말한다. 이것은 아들 예수와 사람들의 메시아적 사귐 속에 나타난다.356)

계속해서 몰트만은 페리코레시스론(Perichoresis)의 교묘한 방법으로 삼위성(Dreiheit)과 일치성(Einheit)을 결합시킨다. 그러나 삼위성을 일치성으로 환원시키지도 않고 일치성을 삼위성으로 해소시키지도 않는다. 삼위일체의 인격들의 영원한 페리코레시스 속에 삼위일체성의 일치성이 있다. 순환론적으로 이해할 때 삼위일체의 인격들은 영원한 삶의 순환 속에서 자기 자신을 통하여 그들의 일치성을 형성한다.357)

그러므로 삼위일체론은 하느님 안에 있는 구분과 일치를 표현한다. '사회적 삼위일체론'은 아버지와 아들과 성령 상호 간의 거함과 이 거함을 통하여 나타난 영원한 사귐을 순환이라는 개념을 통하여 표현한다. 상이한 위격들의 영원한 '사귐'이 그들 상호 간의 '거함'과 상호 간의 '침투'의 힘으로 하느님 안에 있다.358)

3) 삶의 거룩한 예배의식

몰트만에 따르면 그리스도의 복음이 예언과 묵시문학에 의하여

---

356) Moltmann, *Gott in der Schöpfung*, 348.
357) Moltmann, *Trinität und Reich Gottes*, 191.
358) Moltmann, *Gott in der Schöpfung*, 36.

기대된 종말론적인 기쁨의 소식(Freudenbotschaft)으로서 선포되는
곳에서 종말론은 역사적으로 실천된다. 거기서 하나님의 미래적
영광과 인간의 해방은 역사적 형태를 취한다. 이제 참으로 미래를
여는 말씀과 희망하는 믿음으로서 그러나 이미 하나님의 능력 안
에서 그렇다. 메시아적이라고 일컬을 수 있는 이런 방식으로 종말
론적인 미래는 그 빛을 역사 안에 미리 비추고 의, 포로된 자들의
해방, 하나님의 찬미가 실현된다. 바로 그렇기 때문에 복음은 그
리스도의 선포로서 하나님의 미래의 계시이다. 그리고 이것이 일
어난다는 사실은 성령의 임재로서 표현되어야 한다.359)

민는 자가 죽으시고 다시 사신 제의적 주와 신비적 합일을 한
다는 데 대립해시 바울은 종말론적 차이를 주장했디. 세례는 그리
스도의 십자가에 달려 죽으심에서 일어난 그리스도 사건에 참예
하도록 매개한다는 것이다. 그리스도와의 사귐은 십자가에 달리신
이와 고난의 공동생활을 하는 것이다. 세례받은 사람은 그의 죽으
심에 연관해서 세례받았다면, 그와 함께 죽은 것이다. 그러나 그
들은 예배의식에 의한 완전성에서 그와 함께 다시 살아 하늘에
옮겨진 것이 아니다. 그들은 부활을 기다리는 희망이라는 지평선
에 전개되는 새로운 순종에 의하여 그리스도의 부활에 참예할 수
있다. 그를 따르는 제자들은 아직 죽음을 벗어나지 못했고 그들의
희망을 통하여 부활의 생명에 참예하였다. 그들에게 부활은 희망
가운데 또 약속으로서 현재한다.360)

영원한 기쁨의 잔치 속에서 모든 피조물과 모든 창조의 사귐은

---

359) Moltmann, *Kirche in der Kraft der Geistes*, 243.
360) Moltmann, *Theologie der Hoffnung*, 146. 몰트만은 로마서 12장 1절을 근거로
    매일이 하나님의 참된 예배의 영역이 된다고 주장한다.

하나님에게 찬송과 찬양을 드릴 것이다. 이것은 반드시 의인론적
으로만(anthropomorph) 이해되어야 할 필요는 없다. 즉, 부활하신
그리스도를 기뻐하는 사람들의 찬송과 찬양은 그들 자신의 이해
에 따라 우주적 예배의식과 하늘의 찬양의 작은 반향(widerhall)이
요, 모든 다른 생물의 표현된 현존의 기쁨의 작은 반향이다.361)

세계와 하나님의 역사, 곧 세계의 창조와 구원과 변용의 삼위일
체적 역사 속으로 우리는 삼위일체 하나님의 이름으로 받는 세례
를 통하여 받아들여진다. 최초의 삼위일체적 신앙고백 문서는 세
례고백서들이다(마28:19). 세례를 통하여 상징화되는, 성령과 그리
스도의 뒤따름 가운데 있는 삶은 삼위일체론의 실천이다. 이 점에
서 삼위일체론은 삶에 대하여 아무런 연관성을 갖지 못한 사변적
사치의 신학이 결코 아니다. 삼위일체 하나님을 고백하는 사람은,
'그분 안에서' 살기 시작한다. 우리는 우리의 하나님 안에서, 하나
님을 우리 안에서 경험한다(요일4:16). 이것이 새로운, 참된 삶이
다.362)

그러므로 몰트만은 교회에서의 주의 만찬을 '메시아적 시대의 표
징'이라고 일컫는다. 왜냐하면 주의 만찬은 그리스도의 해방하는 고
난과 죽음을 현재화시켜 주는 회상의 표징(*signum rememorativum*)
이기 때문이다.363) 이러한 주의 만찬은 메시아적인 이해에서 볼 때,
세상 안에서 하나님의 평화와 의를 위한 공적이고 공개적인 사귐의
식사라고 한다.364)

---

361) Moltmann, 「오시는 하나님」 570-71.
362) Moltmann, 「신학의 방법과 형식」 332.
363) Moltmann, *Kirche in der Kraft der Geistes*, 265. 또한 주의 만찬은 '은혜의 표징', 종말론적인 '역사의 표징'으로 이해되고 있다.
364) Ibid., 266.

또한 오늘날의 성찬식은 예수의 고난에 대한 회상과 기념인 동
시에 모든 인류가 배고픔을 당하지 않는 하나님의 나라가 앞당겨
일어날 것을 뜻하며, 이 하나님의 나라를 앞당겨 올 것을 명령하
는 하나님의 명령이 된다.[365] 그것은 가난한 사람들과 함께 나눈
예수에 만찬의 근원이 죄 된 인간 세계의 불의로 인하여 굶주림
을 당하지 않으며 모든 피조물이 하나님의 정의와 평화 속에서
함께 사는 메시아의 미래를 가리키고 있다.

그리고 교회 친교는 교회 안에 있는 친교라기보다 교회와의 친
교가 된다. 메시아적 친교의 성례전-세례와 성만찬은 유아세례,
견진세례, 결혼예식 그리고 장례식에서의 교회 성직자의 활동 배
후로 되돌아가고 혹은 민중을 종교직으로 돌보아 준다는 의미로
해석된다.[366]

다른 한편, 몰트만에 따르면 하나님은 십자가의 경험을 한다.
그러나 그것은 동시에 그가 이 죽음을 영원한 생명 속으로 받아
들였다는 것, 그가 버림 받은 세계에 그의 생명을 주기 위하여 이
죽음을 당하였다는 것을 의미한다. 그렇기 때문에 그는 십자가에
죽은 자, "죽임을 당한 어린양"(계5:12, 7:14, 12:10)의 찬미를 통
해서가 아니고는 달리 영광을 받으려고 하지 않는다. 십자가에 죽
은 자가 하나님의 지배의 영원한 신호가 된다면 그는 또한 하나
님과 종말론적 삼위일체의 찬미로의 영원한 신호이다.[367]

나아가 몰트만은 십자가에 달려 죽으신 그리스도를 하나님이

365) 김균진, "성찬식의 메시아적 근원적 미래", 「신학 논단 18집」 (서울: 연세대학교.
    신과대학, 1989.2), 145-58
366) Moltmann, *Kirche in der Kraft der Geistes*, 341.
367) Ibid., 76.

부활시킴으로써 우주적인 신정의 과정이 시작한다고 주장한다. 이 과정은 오직 종말론적으로 모든 죽은 자들의 부활과 죽음의 세력의 폐기를 통하여 그리고 모든 사물들의 새 창조를 통하여 완성될 수 있다. 그렇다면 이 신정의 과정은 보편적인 우주적 찬미로 변한다. 이것이 마지막 목적이기 때문에 이 찬미는 이미 지금 믿음과 사귐과 위로와 희망 속에서 '낯선 땅에 계신 주님의 노래'로 앞당겨 일어난다.368)

그리스도의 부활로 말미암아 기쁨은 온 우주의 구원에 대한 우주적이며 종말론적 전망들(Perspektiven)을 전개한다. 무엇에 대한 구원인가? 영원한 기쁨의 잔치 속에서 모든 피조물들과 모든 창조의 사귐은 하나님에게 찬송과 찬양을 드릴 것이다.369)

또한 몰트만은 구원의 경험을 감사와 찬양과 기쁨 속에서 표현하지 않고서는 구원을 경험할 수 없다고 단언하고 있다. 구원의 경험은 찬미를 통하여 비로소 완전한 구원의 경험으로 표현되기 때문이다. 감사하고 놀라워하며 예배하는 인식에 있어서 삼위일체의 하나님은 인간의 대상이 되지 않으며, 인간에게 동화되어 버리거나 그의 소유물이 되지 않는다. 오히려 인식하는 인간은 인식되는 하나님에게 참여하며 놀라움에 싸인 그의 인식을 통하여 인식된 자로 변화된다. 여기에서 우리는 사랑하는 만큼 인식할 수 있다. 여기에서 우리는 참여하기 위하여 인식한다. 그렇다면 하나님을 인식한다는 것은 하나님의 삶의 충만함에 참여함을 뜻한다. 그러므로 초대교회에 있어서 하나님에 대해 찬미하는 인식은 본래의 의미에 있어서 *theologia*(신학)라고 불렸으며, 구원론, 곧

---

368) Moltmann, *Der Weg Jesu Christi*, 266.
369) Moltmann, 「오시는 하나님」 571.

oeconomia Dei(하나님의 경륜)와 구분되었다. '경륜적 삼위일체'
는 케류그마 신학과 실천신학의 대상이며 '내재적 삼위일체'는 찬
미학적 신학의 내용이다.[370]

끝으로 몰트만은 신적인 삶의 영원한 영광에로의 삼위일체의
상호 변용(verklärung)과 밝게 비춤이 이것과 결합되어 있다고 한
다. 서로를 결합시키는 이 연대성은 성령으로부터 나온다. 신적인
빛과 신적인 관계들의 순환을 개방하고 인간과 모든 피조물을 삼
위일체 되신 하나님의 풍성한 삶 속으로 받아들이는 여기에 창조
와 화해와 영광의 의미가 있다.[371]

더욱이 메시아적인 잔치로서 이해되는 기독교 예배는 하나님의
역사와 그 안에서 일어나는 바에 의하여 전적으로 규정된다. 이
메시아적 잔치는 그리스도에 대한 회상을 갱신시키고 그의 나라
에 대한 희망을 일깨운다. 이 메시아적 잔치는 일상적인 고통과
기쁨을 지니는 모인 공동체를 세상을 다루시는 하나님의 삼위일
체적 역사의 넓은 지평 안에 세운다.[372]

또한 공동체는 메시아적 시대의 이 자유를 이 잔치 안에서 체
험하기 때문에 예배 속에서 동시에 매일의 삶의 차이들인 고통들,
실수들, 거절들로 표현된다. 이 메시아적 잔치는 딴 세상에로 옮
겨 앉은 엑스타시는 결코 아니고 이 세계의 질적 변화의 체험이
다.[373]

모인 회중은 이 메시아적인 축제 안에서 그 자신을 메시아적인

---

370) Moltmann, *Trinität und Reich Gottes*, 170.
371) Ibid., 194.
372) Moltmann, *Kirche in der Kraft der Geistes*, 284.
373) Ibid.,

사람으로서 자각하게 된다. 그러나 바로 그렇기 때문에 그것은 또한 개인의 생활사와 공중의 사회사와 관련하여 그 예배의 외면적 기능들을 비판적으로 재검토해야 한다. 설교, 세례, 주의 만찬처럼 예배도 아주 다양한 관심들과 기능들의 교차 지점에 서 있다. 중요한 것은 모인 회중이 그의 예배를 내용적으로는 메시아적 축제로서 형성할 뿐만 아니라 그의 나날의 개인적이고 사회적인 기능들에 메시아적인 충격을 가하는 일이다.[374]

---

374) Ibid., 285.

V. 생명신학적인 메시아관에
따른 메시아적 삶

요한복음서는 그리스도 예수를 길이요 진리요, 생명이라고 기술되어 있다(요14:6). 여기에서 길은 모든 분리되었던 것이 하나가 되는 사실을 말하고 있으며, 생명이란 바이젝커(C. F. v. Weizsäcker)에 따르면 움직여지고 있는 통일성, 유기체적 전체 관계성의 현실을 의미하고 있다.[375]

몰트만 역시 그리스도의 길은 어디에 있는가는 질문을 던지면서 그것은 복음서들에 의하면 그리스도의 메시아적인 열정에 참여하는 데에 있다고 주장한다. "가서 하나님의 나라가 다가왔다고 선포하여라. 앓는 사람은 고쳐주고 죽은 사람은 살려 주어라. 나

---

375) C. F. Weizsäcker, 「시간이 촉박하다」 이정배 역 (서울: 대한기독교서회, 1987), 106-07.

병환자는 깨끗이 낫게 해주고 마귀는 쫓아내어라. 너희가 거져 받
았으니 거져 주어라"(마10:7-8). 세례 요한이 예수가 약속된 그리
스도인 것을 깨닫게 되는 것도 바로 똑같은 "메시아적인 행위"(마
11:5) 때문이다.376)

또한 기독교의 메시아적 잠정성은 교회로 하여금 사회적, 역사적
한계를 스스로 초월하도록 만든다. 기독교의 역사적 궁극성은 언제
나 불확실한 역사 속에서 교회에게 확실성을 가져다주며 저항을
이기는 고난 속에서 기쁨을 얻는다. 잠정적 궁극성 속에서 그리고
궁극적인 잠정성 속에서 교회, 기독교도 전체 그리고 기독교는 하
나님의 나라를 역사 한복판에서 역사의 목표로 증거한다. 이러한
의미에서 예수 그리스도의 교회는 하나님 나라의 백성이다.377)

그러나 몰트만은 메시아적인 삶의 양식을 만들 수 없다고 주장
한다. 왜냐하면 여기서 완전하게 만드는 것은 실천이 아니라 고난
과 희망이기 때문이다. 이 삶의 양식은 사람들이 개인적이고 공동
적으로 그리스도의 포괄적인 역사 안에서 그들의 삶과 그들의 삶
의 역사를 발견하고 세상을 다루시는 하나님의 역사에 참여하는
곳에서 영에 의하여 창조된다. 개인과 공동체의 이 전 피조물의
거듭남은 다가오는 거듭남의 표징과 단편이 된다. 십자가에 못 박
힌 자와의 친교는 이 세계의 메시아적인 고난의 친교 안으로 인
도한다. 부활한 자와의 친교는 메시아적인 시대의 자유의 태동 안
으로 인도한다. 하나님의 메시아적인 역사로부터 고통 속에서 거
듭난 삶이 빛나기 시작하나 자신의 능력으로부터 빛나기 시작하
지는 않는다. 그 단편들과 발상들(Ansatze)은 타자를 위하여 살고

---

376) Moltmann, 「오늘 우리에게 그리스도는 누구신가?」 65.
377) Moltmann, *Kirche in der Kraft der Geistes*, 217-18.

고난당한 희망의 이정표가 된다. 영의 성례전과 그 표징을 진심으로 추구하는 자는 지나온 삶의 이 표징을 간과하지 않을 것이다. 메시아와의 삶의 친교 속에서 그의 삶 자체가 메시아적인 삶에로 형성될 것이다.[378]

또한 그리스도인의 삶의 형태(Christian lifestyle)는 복음에 의해 특징지어졌고 유형화된다. 빌립보서 1장 27절에서 바울은 "오직 너희는 그리스도의 복음에 합당하게 생활하라"고 말한다. 그리스도인의 삶은 복음에 의해 조건적으로 메시아적으로 된다. 왜냐하면 복음은 메시아적 시간에 대한 자유 안에서 부르고 있기 때문이다. 그러므로 그리스도인의 삶의 형태는 복음적이고 합법적이어야 한다.[379]

그리므로 몰트만에게 있어서 메시아적 개념은 이제 환경을 위한 신앙인의 메시아적 삶과 개인적인 명상을 통한 메시아적 삶의 표출, 그리고 선교로 확장되어 본 장에서는 메시아적 개념의 적용과 확대에 대한 고찰을 하고자 한다.

1. 환경보존과 신앙인의 삶

몰트만은 우선 사람들이 환경을 대물화(對物化, verdinglichen)시켜서 쉽게 인간중심주의에 빠지는 것을 지적하며, 지구를 식물

---

378) Ibid., 310-11.
379) Moltmann, *The Open Church* (London: SCM Press, Ltd, 1978), 38.

과 동물과 사람을 위한 환경으로 보아야 한다고 주장한다. 나아가 바다를 고기들의 환경으로, 공기를 새들의 환경으로 보고 있다.[380]

근대문명은 우주의 법칙들과 자연의 리듬에의 방향정립(Orientierung) 으로부터 그 자신을 분리시켰으며, 산업혁명 이후 더욱더 인간이 세운 목적과 프로젝트와 계획을 그의 방향으로 삼았다. '역사'라는 상징이 '자연'이란 더 오래된 상징을 구축하였다. 그러나 인간이 역사 안에서 실존하고 또 그 속에서 산다면, 인간은 과거의 유래(Herkunft)나 미래를 그의 방향으로 삼을 수 있을 뿐이다. 자연으로부터 근대문명의 분리는 '근대'의 메시아적 파토스를 동반하였다. '근대'는 하나의 메시아적 개념이며, 인간 역사의 현재적 종말의 시대는 언제나 새로운 뉘앙스와 함께 메시아적인 찬양의 대상이 되든지 아니면 묵시사상적은 한탄의 대상이 되었다.[381]

이러한 환경과 함께 몰트만에게 있어서 인간의 삶이란 그 자신이 서 있는 자리에서만, 이해될 수는 없다. 그것이 살아 있는 한 그것은 다른 생명들과 산 관계 안에 있고, 따라서 시간의 맥락 안에 있으며 희망의 전망을 가지고 있다. 이것들은 무엇보다 먼저 어떤 산 존재의 독특한 생명력, 개방성 그리고 의사소통의 능력을 만들어 낸다.[382]

또한 강렬한 삶이란 전력을 다할 수 있는 것을 의미하며 충만한 삶의 가능성을 실현하는 것—이 가능성은 무제한 것으로 생각된다—생명력을 방해하는 모든 부정적인 것을 극복하는 것, 그리고 생명력을 높이는 긍정적인 것을 획득하는 것을 의미한다. 삶

---

380) Moltmann, 「오시는 하나님」 512.
381) Ibid., 379-80.
382) Moltmann, *Kirche in der Kraft der Geistes*, 150.

에 대한 이 끝없는 갈망은 권력욕과 지배욕과 더불어 짝을 이루고 있다. 삶은 힘이고 힘으로의 의지다.383)

또한 몰트만은 공생(Symviose)을 경제적 활동과, 경제적 추세에 대한 지지 또는 거부를 위한 주요입장이라고 말한다. 책임과 재화의 정의로운 분배에 평등하게 참여하는 사람들 그리고 인간사회의 친교는 무엇보다도 모든 사람들에게 그리고 각자에게 생존의 기회를 주게 될 것이다. 그것은 단지 개성에 대한 존중과 자연적인 주위 환경체계의 요구에 대한 존중 속에서 이루어지는 친교이며 인류와 자연에게 생존의 기회를 제공한다. 제한된 맥락에 있어서나 포괄적인 맥락에 있어서나 이러한 공생은 역사 안에서의 하나님 나라에 대한 상응과 선취로서 생각된다. 왜냐하면 무엇보다도 다가오는 하나님 나라에서의 창조자와의 이 친교가 인류 및 자연의 역사 속에서 이룩되는 사람들의 일치에 초월적이고 고무적인 의미를 부여하기 때문이다.384)

그러므로 메시아의 삶은 이러한 의미에서 끊임없는 연기되는 삶이 아니라 선취되는 삶이다. 메시아의 시대가 '아직 아니(Noch-Nicht)'라는 표지 안에 있는 것과 똑같이 그 시대는 또한 '더 이상 아니(Micht-Mehr)'라는 표지 아래 있는 것이요 그 때문에 '지금 이미(Jetzt-Schon)'라는 표지 아래 있는 것이다. 메시아의 시대 속에 있는 삶은 더 이상 율법 아래 그리고 이러한 지나가 버리는 세계의 강박 아래 있지 않다. 그것은 지금 이미 그리스도의 새 날의 여명 속에 있는 것이다. 그러한 삶의 자유는 희망의 힘에 의해서 올 것을 목표로 지금 있는 것을, 가능한 것을 목표로

---

383) Ibid., 191.
384) Ibid., 196.

현실적인 것을 초월하는 데 있다. 그러나 이것은 또한 고통이기도 하다. 즉 그 삶은 옛것의 대항에 맞서 새것을 붙들어야 하기 때문에 새로운 시작은 하나의 단절 없이 이룩될 수 없으며 자유는 투쟁 없이 실현될 수 없다. 희망의 꿈은 사랑의 고통으로 이어진다.385)

교회, 기독교는 전체 그리고 기독교는 그 자신의 실존과 역사 내에서의 자신의 과제를 메시아적으로 이해한다. 그러므로 그들의 삶은 선취, 저항, 자기포기, 대속에 의해서 규정된다. 기독교적 존재와 행동은 그 자신에 의해서 정당화될 수는 없고 끊임없이 메시아와 메시아의 미래에 의해서 정당화된다. 그리하여 기독교의 고백, 기독교의 실존과 영향력을 통해서 인간, 종교, 사회는 올 것의 진실을 향해 개방되고 기독교의 힘도 삶을 도모하기 위해 활성화된다. 성령의 권능 안에 있는 교회는 아직 하나님의 나라는 아니지만 하나님의 나라의 역사 내에서 선취다.386)

메시아적인 복음은 이스라엘의 약속들과 희망의 경험들을 받아들이고 이것을 세계사의 차원에서 확대시킨다. 그러므로 복음은 메시아 예수에 대한 믿음과 함께 이스라엘의 하나님의 메시아 왕국에 대한 희망을 세계의 민족들 가운데서 불러일으킨다. 다른 한 면으로부터 우리는 다음과 같이 말할 수 있다. 즉 장차 오실 메시아는 복음 속에서 그 자신의 나라에 앞서 오셔서 그의 백성을 모으신다. 새 세계의 미래가 이미 여기에 있다. 그러나 먼저 그것은 말씀과 신앙의 형태 속에 그 자신의 시작으로서 여기에 있다.387)

---

385) Ibid., 214.
386) Ibid., 217.
387) Moltmann, *Gott in der Schöpfung*, 188.

복음의 메시아적 빛 속에서 사람의 하나님 형상은 종말론적 방향을 가진 역사적 과정으로 나타나지 하나의 상태로 나타나지 않는다. 사람의 존재는 이 과정 속에서 사람됨이다. 여기에서도 하나님의 형상은 전체 사람, 곧 신체적인 사람, 공동체적인 사람이다. 왜냐하면 죽음으로 인하여 영혼과 몸이 더 이상 나뉘지 않으며 하나님과 다른 인간들로부터 더 이상 분리되지 않는 전체적, 신체적, 그리고 공동체적 사람이 될 수 있는 길은 예수와의 메시아적 사귐에 있기 때문이다. 이 사람은 이미 부활의 과정 속에 있으며, 이 과정 속에서 전체적으로 신체적으로, 그리고 공동체적으로 용납되었고 약속된 존재로 자기를 경험한다. 사람의 메시아적인 사람됨은 끝나지 않았고 또 끝날 수 없다. 새 땅과 새 하늘에서 일어날 죽음의 종말론적인 파괴와 몸의 구원이 비로소 사람됨의 과정을 완성하며 이리하여 그의 신적인 규정을 성취한다.388)

동물들과 땅의 지배에 대한 규정도 복음의 메시아적인 빛 속에서 신자들의 그리스도와 – 함께 – 다스리는 것으로 나타난다. 왜냐하면 그에게, 보이지 않는 하나님의 땅 위에 있는 참되고 눈에 보이는 형상에게 '하늘과 땅 위의 모든 권세가 주어졌기' 때문이다 (마태28:18).389)

---

388) Ibid., 328-29.
389) Ibid.,

2. '메시아적' 삶의 표출

몰트만은 인간이 자기 자신과의 관계에 있어서 이해의 명상적 방법은 중요하다고 강조하고 있다. 왜냐하면 관계와 사회적 활동과 정치적 실천으로 도피하는 사람들도 있는데, 그것은 그들이 그들 자신을 견디지 못하기 때문이다. 그들은 그들 자신과 함께 무너진다. 그러므로 그들은 홀로 있을 수 없다. 고독이 그들을 고문한다. 침묵은 견딜 수 없는 것으로 여겨진다. 단절은 '사회적 죽음'으로 경험된다. 모든 실망은 가능하면 피해야 할 고통이 된다. 이리하여 자기 자신의 문제를 해결하지 못하기 때문에 실천에 몰두하는 사람은 다른 사람들에게 짐이 될 뿐이다. 그는 그 아무것도 자기 안에서 발견하지 못할 것이다. 단지 그는 – 선한 의지가 전제되어 있고 아무런 악한 의도를 갖지 않는다 할지라도 – 자기 추구의 해독과 그의 불안의 공격심과 그의 이데올로기의 선입관을 다른 사람들에게 전달할 것이다.[390] 즉 자기 자신을 발견한 사람만이 자기 자신을 내어줄 수 있으며 자기 자신이 받아들여졌음을 아는 사람만이 다른 사람들을 지배하지 않으면서 그들을 받아들일 수 있다는 의미로 자기 안에서 자유롭게 된 사람이 다른 사람을 자유롭게 할 수 있으며 그들의 고난을 나눌 수 있다는 것이다.

나아가 몰트만은 명상에 대한 이론적 근거를 다음과 같이 제시하고 있다.

---

390) Moltmann, *Der Geist des Lebens*, 215.

기독교의 사색과 명상은 그 중심에 있어서 *meditatio crucis*(십자가의 명상), 십자가의 길의 관조와 수난의 예배를 뜻한다. 십자가에 달린 그분의 형태 속에서 우리를 명백하게 만나시는 하나님에게 전향하는 자는 이 변화를 시작하게 된다. 회개의 고통 속에서 그는 하나님의 사귐의 기쁨을 경험한다. 여기에서 자신의 삶의 실천은 변화되며, 이 변화는 행동하는 자 자신이 가진 것보다 훨씬 더 철저한 것이다. 십자가에 달리신 그분의 사귐 속에서 하나님으로 인하여 고통을 당하는 자는 부활하신 그분의 사귐 속에서 하나님을 찬양할 수 있다. 이리하여 십자가의 신학으로부터 찬미의 신학이 형성된다.[391]

또한 기독교적 명상과 숙고는 하나님에 의하여 받아들여지고 해방되고 구속받은 자아로서의 실제적인 자아가 전체의 메시아적 해방에 참여하라는 그의 부르심과의 관련 속에서 발견될 수 있게 한다. 그것은 삶의 실천의 이면과 다른 것일 수가 없는데 이 삶의 실천 속에서 우리는 세상을 다루시는 하나님의 메시아적 역사 안에서 우리 자신과 우리의 운명을 실현하려고 노력한다. 명상과 다양한 삶의 영역들에서의 해방하는 실천은 서로를 보충하여 주고 서로를 심화시켜 준다. 기독교적 즉 메시아적 삶의 양식은 명상과 투쟁 사이의 긴장으로부터 발생한다. 이 긴장의 분야에서도 우리는 단편들, 파편들, 모든 것들을 발견한다. 새로운 삶은 다음과 같은 방식 외에서는 좀처럼 경험되지 않는다. 즉 "우리는 아무리 짓눌려도 찌부러지지 않는다."(고후4:8).[392]

그리고 영 안에서의 기도와 삶에 대한 관심은 만일 이 양자가 십자가에 못 박힌 자와 그의 메시아적인 나라에 집중된다면 서로를 격려하게 된다. 그러므로 기도는 실망한 사람을 보상하지 않고 고통

---

391) Moltmann, *Trinität und Reich Gottes*, 23-4.
392) Moltmann, *Kirche in der Kraft der Geistes*, 309.

을 흡수하고 전보다 더 강하게 사랑하도록 그 사람으로 하여금 준비케 한다. 그래서 땅에 대한 충성은 기도와 외침을 제거시키지 않고 그 정열을 강화시킨다. 본회퍼의 삶, 그의 저항, 그의 경건과 그의 죽음은 기도와 대지에의 충성 사이의 창조적 긴장으로부터 발생하는 삶의 양식을 위한 예이다. 그것은 단편으로 남아 있었고 1945년에 집단 수용소 안의 처형 장소에서 파괴되었으나 바로 그것을 통하여 그 자체를 넘어서고 있다. 메시아적 시대의 삶의 양식은 메시아적인 고난을 통하여 형성된다. 그것은 다른 방식으로는 거의 인식될 수 없다. 왜냐하면 '죽어가고 있는 자들로서 보라 우리는 살아 있기' 때문이다.[393]

한편, 예수가 함께하는 공동체 역시 '행동'(Action)과 '사색'(Kontemplation)으로 나아간다. 우리는 사색의 침묵과 행동하는 투쟁의 열정 사이의 긴장 속에서 예수의 현존을 경험한다. 기도는 사색 가운데서 침묵하는 것이다. 우리는 예수 안에서 우리를 다시 발견하기까지 십자가에서 죽으신 분을 바라보면서 우리 자신을 침잠시키고, 우리 자신을 잊어버린다. 이제 부활하신 그리스도의 현존은 우리들의 영혼의 근저에 내재하게 되고, 우리는 그의 영의 현존을 경험한다. 우리의 의식은 행동하는 삶의 조급함 때문에 발전하지 못하는 지평으로부터 확장된다. 명상과 사색은 우리가 실전하지 못하는 지평으로부터 확장된다. 명상과 사색은 우리가 '실천'을 통해 만들어낸 물신(Fetisch)을 파괴한다. 명상과 사색은 행동하는 삶으로써 추구하는 우상숭배를 파괴한다. 명상과 사색은 사회선교를 인간적이게 한다. 왜냐하면 그것은 우리들 자신을 더욱 인간답게 만들어주기 때문이다.[394]

---

393) Ibid., 307-08.
394) Moltmann, 「하나님 나라의 지평 안에 있는 사회선교」 29.

메시아적 파송과 제자로 부름 받은 예수의 제자들은 모든 것을 버렸으며 그 나라를 위해 가난하게 되었다. '예루살렘에 있는 가난한 성도들'이라고 불렸다(롬15:26). 바울은 마케도니아와 아가야에서 그들을 위해 헌금을 모았다. '우리를 위하여 거룩하게 된' 그리스도 자신은, '여러분을 위하여 가난하게' 되었다. "그것은 그가 가난하게 되심으로 여러분을 부요하게 하시려는 것입니다."(고후8, 9). 그러므로 교회는 그것이 그리스도의 비천함과 무력함과 가난과 고난에 참여하는 곳에서 거룩하게 된다. 교회의 영광은 가난의 표적을 통하여 드러난다. 믿는 자들이 그들의 십자가를 질 때 하나님나라가 세상에 증언된다. 이러한 의미에서 교회는 가난과 고난과 억압의 표적을 통하여 이 사악한 세상 속에서 거룩하게 된다고 말할 수 있다. 노예 상태에 있는 피조물 가운데서 새로운 창조의 산고의 고통이 있다.395)

그리스도의 뒤를 따름(Nachfolge)은 구체적이며 인격적인 삶의 길이다. 이 삶의 길 위에서 우리는 하나님의 영에 의하여 '형태 지워진다.' 다시 말하여 그리스도와, 하나님 자녀들의 '장자'와 '같은 형태로 형성된다'(롬8:29). 즉 우리는 그의 메시아적 삶과 그의 치유하고 빛나며 사랑으로 가득한 삶과 동일한 형태를 가지게 된다.396)

함께 고난당하는 하나님을 믿는 자는 자신의 고난을 하나님 안에서 인식하며, 하나님을 자신의 고난 안에서 인식한다. 그리고 그는 그의 사귐 안에서 고통과 슬픔에도 불구하고 사랑 안에 거하고 괴로워하지 않게 되는 능력을 발견한다. 어째서 하나님이 그 모든

---

395) Moltmann, *Kirche in der Kraft der Geistes*, 378-79.
396) Moltmann, *Der Geist des Lebens*, 290-91.

것을 허락하는지를 우리는 모른다. 그러나 우리가 하나님이 어디에 있는지를 발견하고, 우리의 고통 속에서 그의 임재를 느낀다면, 우리는 생명을 새롭게 탄생시키는 원천에 다가서 있는 셈이다.[397] 그러므로 몰트만은 실천은 결코 명상으로부터의 도피가 될 수 없다는 점을 강조한다. 왜냐하면 그것은 기독교적 실천으로서 십자가에 달리신 그분의 뒤를 따르는 일과 결부되어 있기 때문이다.[398]

그리스도의 메시아적 결정은 우리를 항상 폭력가들의 희생자 편으로 이끌어간다. 그러기에 그리스도를 뒤따름의 신앙, 생명 그리고 정의의 순교자들의 기나긴 행렬에 의해서도 특징지어진다. 신앙의 순교자들이 있다. 이들은 신앙 때문에 박해받고 죽임당한 그리스도인들이다. 순종의 순교자들이 있다. 이들은 공적인 행동 때문에 박해받고 죽임 당한 그리스도인들이다. 그리고 하나님 나라와 그의 의의 순교자들이 있다. 이들은 불의가 일어나는 곳에서 의식적이든 무의식적이든 정의의 증인들이 된 사람들이다. 그리스도의 순교, 의로운 자들의 순교 그리고 희생당한 민중의 말 없는 집단적 순교가 있다.[399]

메시아사상의 무제약적이고도 전적인 희망의 내용은 하나님과 또 하나님 나라의 상징들 안에서 공포된다. 그것은 새롭고 실제적인 사회적 유토피아와 정의의 유토피아를 항상 자극하며, 정의를 위한 민중의 해방운동과 투쟁을 부추긴다. 그러나 그 자신은 그것을 넘어가며, 이를 관통하면서 인간들을 계속 전진시킨다. 이로써 여기에 구체적인 유토피아와 또 유토피아보다 더 큰 것이 존재한

---

397) Moltmann, 「오늘 우리에게 그리스도는 누구신가?」 64.
398) Moltmann, *Trinität und Reich Gottes*, 24.
399) Moltmann, 「오늘 우리에게 그리스도는 누구신가?」 65-6.

다. 여기에 실제적인 혁명과 또 혁명보다 더 큰 것이 존재한다. 혁명적 충격 안에서 이루어지는 신적인 실체(Gotthypostase)의 혁명에도 불구하고, 실로 그 어떤 혁명 속에서도 사라지지 않기에 혁명의 다시금 전복시킬 바로 이러한 혁명 때문에, 메시아적 희망의 잉여가 생겨나게 된다. 메시아사상은 실제적 유토피아의 생산을 통하여, 그리고 주관적, 객관적으로 가능한 것과의 중재를 통하여 구체화된다. 그것은 그 자신의 내재성을 항상 초월한다. 그것은 항상 그 자신의 성취를 계속적인 미완(未完: Noch-nicht)의 유동성 안으로 이끈다.400)

바울은 로마서 8장 15절과 갈라디아서 4장 6절에서 예수의 아람어 기도문 "아바, 사랑하는 아버지"를 그리스도 공동체의 기도문으로 인용한다. 이것은 아마도 카리스마적인 자들의 기도문이었던 것 같다. 메시아 예수를 믿는 자는 그의 친밀한 하나님 관계 안으로 받아들여진다. 예수처럼 그리고 예수와 함께 그는 아바, 사랑하는 아버지에게 말한다. 그 결과는 비슷하다. 많은 형제들과 자매들 중에서 '처음 태어난 자'와의 사귐 안에서 믿는 자들은 자신들을 '하나님의 자녀들'로 이해한다. 예수처럼 그리고 예수를 뒤따르면서 그들은 가족, 신분 그리고 문화 안에 있는 낡아빠진 출신의 세력들과 결별하고, 메시아 나라의 미래로부터 살아간다. 그러므로 아바 부름은 하나님의 메시아적 백성 안에서 자유의 최상의 표현이 된다.401)

사무엘 후서 7장 14절에 의하면 하나님 아들의 신분이 메시아에게 부여된다. 대제사장의 집에서 심문을 받을 때 몇 사람들이 예수가 다음과 같이 말하였다고 증언한다. "나는 사람의 손으로

---

400) Moltmann, 「삼위일체와 하나님의 역사」 229.
401) Ibid., 47.

지은 이 성전을 헐어버리고 사람의 손으로 짓지 않은 새 성전을 사흘 안에 세우겠다"(막14:58). 이 성전은 하나님이 그의 영을 통하여 거하실 메시아적 하나님의 백성을 뜻한다.[402)]

예언자적 백성은 그의 삶과 그 삶의 형태를 통하여 하나님의 약속과 미래를 세상에 증언한다. 온 백성은 금후 그리스도의 헌신으로부터 살아가고 그들은 자유로이 하나님의 뜻에 자신을 내어 놓는다. 그러므로 온 백성은 분리되지 않는 온전함 속에서만 하나님과 세상과의 화해를 증언한다. 제사장적 백성은 다른 사람들을 위하여 중재하며 세상에 그리스도의 자유하게 하는 대속 행위를 증언한다. 온 백성은 오직 분리되지 않은 온전함 속에서만 새로운 창조의 삶의 온전한 성격을 드러낼 수 있다. 그들은 제각기의 방식으로 또 공동으로 온 세상의 해방을 위해 봉사함으로써 왕의 백성이 되며, 하나님 통치에 참여한다(계1:5, 5:10, 20:6). 그리스도와의 친교를 통해서 온 백성은 하나님의 역사를 통해서 각인되어 있는바 자유의 역사의 주체가 된다. 따라서 이 메시아적백성은 더 이상 특정한 예언자들에게, 제사장들에게 그리고 왕들에게 예속되어 있지 않다. 그 백성은 부활한 그리스도의 활동을 통하여 자기 자신에게로 돌아오며 자신이 규정된다. 따라서 그 백성은 벙어리가 될 수 없고 또한 피동적인 군중이 될 수 없다. 각 사람은 모든 사람들과 함께 그 안에서 그들의 동일성을 체험하는바, 그 영으로부터 살며 하나님 나라의 역사 속에서 그들의 위치와 그들의 임무를 발견한다. 하나님 나라에 봉사(*mimisterium regni Dei*)함으로써 그들은 동등한 자격을 부여받으며 연대적으로 공통된

---

402) Moltmann, *Der Weg Jesu Christi*, 235.

목표를 향하게 된다.403)

　메시아적 교회로서 하나님의 백성은 그들과 분리된 사제적 계급의 혹은 특수한 목사 계급의 우월성을 인정할 수 없다. 만일 그것을 인정하게 된다면 그리스도가 가져다준 그들 자신의 자유를 포기하는 것이 될 것이다. 그러나 그리스도의 교회로서 백성들은 또한 백성의 우월권도 그들 자신에게 지울 수 없다. 만일 그럴 경우에는 그들을 해방시킨 자의 우월성은 포기될 것이다. 그러므로 그의 교회 안에서의 그리스도의 우월성에 대한 공동된 경험은 다음과 같은 방식으로 나타난다. 즉 임무를 위해 사람들이 교회에서부터 나오게 되나 이 임무들 자체의 내용이나 혹은 그 임무를 수행함에 있어서 의기하는 규율과 지침들이 교회에서부터 나오는 것이 아니다. 은사들은 그것이 유출된 성령의 능력이다. 그리고 임무들은 그들이 봉사해야 하는 하나님 나라에 의해서 결정된다. 임무는 그리스도의 메시아적 통치의 기능이다.404)

3. '메시아적' 세계선교

　우리는 무엇보다도 '예수의 파송'(Sendung Jesu)에서 하나님의 나라를 인식한다. 공관복음의 저자들은 메시아적인 '파송'이란 관

---

403) Moltmann, *Kirche in der Kraft der Geistes*, 324-25.
404) Ibid., 326-27.

점에서 예수의 '역사'를 소개한다. 그들은 예수의 '복음'전파라는 관점에서 예수의 메시아적인 파송을 소개한다. 예수의 파송은 이사야서 35장과 61장에 따르면, 버려지고 병든 민중을 '온전하게 구원하는 것'을 포함한다. "소경이 보며, 앉은뱅이가 걸으며 귀머거리가 들으며, 문둥이가 깨끗함을 받으며, 죽은 자가 살아나며, 가난한 자에게 복음이 전파된다."(마11:5, 10:8, 눅4:18이하). '파송'은 예수의 전 사역, 즉 선포하고, 치유하고, 부르고 모으는 모든 사역을 포괄한다. 파송은 또한 그의 제자들에게도 포괄적인 의미를 갖는다. 그의 이름으로 행해진 모든 것은 선교이고 모든 선교는 예수의 파송에 참여하는 것이다. 예수는 선교와 사회선교의 통일성 속에서 사역하였고, 또한 그의 제자들도 이러한 통일성에로 나아오도록 부르셨는데, 선교와 사회선교를 분리하는 것은 이러한 통일성을 깨뜨리는 것이다. 환자를 치료하고, 귀신을 몰아내고, 포로된 자를 풀어주고 – 눈먼 자에게 빛을 주고, 억압받는 자의 정의와 자유를 추구하는 것은 예수의 파송에 속한 것으로서 이런 것들은 제자들의 선교의 관점이기도 하다. 이런 것은 바로 가난한 자들에게 복음을 전파하는 것으로써 메시아적인 특성을 획득한다.[405)]

사회선교는 그리스도의 공동체 안에 근거를 두고 있다. 바울에게서 교회공동체는 상이한 성령의 은사들(*Charismata*)의 다채로운 충만함 속에서 성령이 계시되는 장소이다. 그에게 교회공동체는 모든 인간들에게 부어지는 성령의 공동체적인 운동 이외에 다른 것이 아니다. 예언자, 제사장, 왕들뿐만 아니라, 하나님의 모든 백

---

405) Moltmann, 「하나님 나라의 지평 안에 있는 사회선교」 29.

성, 남자와 여자, 주인과 종들은 메시아의 시대에 하나님의 생명력과 그의 창조적인 에너지에 의해서 채워진다.406) 또한 선교는 오고 있는 하나님의 현재에서의 경제적 필요로부터 하나님께 버림 받음에 이르기까지 그의 노예 상태로부터의 인간의 해방에 봉사하는 모든 활동을 포함한다. 복음화는 선교이다. 그러나 선교는 단순히 복음화만이 아니다.407) 그리고 그리스도의 선교는 이스라엘이 세계 열방 안으로 오고 있는 하나님에 대한 메시아적 희망을 퍼뜨렸던 그러한 방법이라고 이해될 수 있다.408)

이러한 선교의 활동으로 자유의 영(靈)과 해방의 능력으로서 받은 교회의 은사는 물론 구별을 알고 있으나 분열을 알지 못한다. 선 교회의 포괄적인 선교의 사명은 그리스도의 메시아직 사명과 모든 육체에 부어진 성령의 카리스마적 사명에 일치한다.409) 역사적으로, 기독교의 선교와 전파는 로마 제국, 유럽 그리고 아메리카와 같은 어떤 특별한 중심지를 이룩해 왔다. 그 결과로 기독교는 로마에 집중되었다. 그 후에는 유럽과 아메리카중심의 기독교가 발생했다. 오랫동안 내내 유럽과 아메리카에 있는 기독교적인 민족들과 국가들은 다른 민족들과 국가들 그리고 다른 종교들에 대한기독교의 보루였다. 오늘날 북대서양 식민지주의 그리고 제국주의와 손을 맞잡고 기독교는 전 세계를 뒤덮었다. 다른 종교들은 적으로서 또는 기독교가 서양문명과 함께 사람들을 해방시키는 것으로 여겨져 미신으로서 보였다. 기회와 책임을 동반한 서양선

---

406) Ibid., 37.
407) Moltmann, *Kirche in der Kraft der Geistes*, 22.
408) Moltmann, 「오늘 우리에게 그리스도는 누구신가?」 139.
409) Moltmann, *Kirche in der Kraft der Geistes*, 22.

교의 이 기간은 어쩔 수 없이 종말에 이르고 있다.[410)

이방인에 대한 선교가 유대인의 그리스도와 복음의 거절로부터 발전한 것과 똑같이 이 선교의 시기는 이스라엘이 회개하고 돌아설 때 끝난다. 이스라엘의 이 마지막 날의 전향은 메시아적 세계선교로부터 메시아적 왕국으로의 변화의 극단적인 징표가 될 것이다. 여기서 역사에 대한 다음과 같은 하나님의 구원의 계획이 나타난다. 즉 이방인에 대한 선교는 이스라엘이 회개하고 그리스도의 메시아적, 천년왕국이 땅 위에 온다. 민족들에게 선교를 할 동안 교회는 기독교 국가와 타협과 연합을 하지 않으면 안 된다.[411)

나아가 하나님의 선교(Missio Dei)는 교회를 넘어서 하나님 안에서의 창조의 성취에서 그 목적을 이룬다. 여기서 교회는 그의 세계선교를 세계에 대한 하나님이 삼위일체적 역사에서 이해하는 결과가 된다.[412) 즉 교회의 선교적 개념은 하나님의 보내심에서 세계에 열려진 교회로 인도한다. 왜냐하면 이 개념은 세상에 대한 하나님의 삼위일체적 역사에서 교회의 삼위일체적 이해로 인도하기 때문이다.[413)

복음의 선포는 언제나 한 공동체 안에 속해 있다. 왜냐하면 모든 언어는 하나의 공동체 안에 살아 있거나 하나의 공동체를 창조하기 때문이다. 공적인 선포로서의 복음은 한 사회의 공적 활동의 한 부분이고, 그러기에 그 사회의 공적 성격이 변화될 때 그 형식을 변화시킨다.[414) 또한 교회라는 그리스도의 공동체는 성령

---

410) Ibid., 170.
411) Ibid., 157.
412) Moltmann, 「오늘 우리에게 그리스도는 누구신가?」 22.
413) Moltmann, *Kirche in der Kraft der Geistes*, 62. 교회는 그리스도의 교회로서 그리스도의 메시아적 사명과 현존의 오늘에서 살고 있다(눅 4:18).

안에서 일어난다. 영은 이 친교이다. 신앙은 그리스도 안에서 하나님을 인식한다. 그리고 이 인식 자체가 영의 능력이다. 그렇기 때문에 교회는 역사적 그리스도 공동체로서 종말론적인 영의 창조이다. 이 의미에서 역사는 종말론으로 바뀌고 종말론은 역사로 바뀐다. 이 변화는 성령의 사역이라 불린다.[415]

몰트만은 이러한 전제 아래 메시아 공동체에 대하여 주장하고 있다. 이 공동체는 그리스도의 역사를 이야기하고 이 역사와 함께 자기 자신의 역사를 이야기한다. 왜냐하면 그 자신의 실존과 공통성과 활동은 이 해방의 역사에 힘입고 있기 때문이다. 또한 그것은 이 그리스도의 역사의 현재화로부터 사회의 이야기들과 신화들로부터의 그 자신의 자유를 끊임없이 추구히는 이야기히는 공동체이다.[416]

더욱이 메시아적 공동체는 희망의 공동체인바, 이 희망은 하나님의 나라의 전망을 통해서 그 사회의 전망으로부터의 자유를 발견한다. 그리고 이 공동체는 메시아와 메시아적 말씀에 속한다. 또한 이 공동체는 그것이 가진 힘을 가지고 이 메시아적 시대의 가능성들을 이미 지금 실현시키는데, 이 메시아적 시대는 그 나라의 복음을 가난한 자들에게 가져오며, 비천한 자들의 높아짐을 비천한 자들에게 선포하며, 가난한 자들, 슬퍼하는 자들, 입을 다물도록 선고받은 사람들의 친교 속에서 희망의 행위들을 통하여 오

---

414) Ibid., 246.
415) Ibid., 47. 몰트만은 참된 교회의 특징을 참여에 두고 있다. 참된 교회는 첫째, 그리스도의 메시아적 사명과 영의 창조적인 사명에 참여한다. 둘째, 피조물의 해방에서 하나님에 대한 찬미에 참여한다. 셋째, 인간의 서로서로의 연합, 사회의 자연과의 연합, 피조물의 하나님과의 연합에 참여한다. 넷째, 사랑의 친교로 하나님의 고난의 역사에 참여한다. 다섯째, 십자가 아래 있는 교회는 하나님의 기쁨의 역사에 참여한다. 78.
416) Moltmann, *Kirche in der Kraft der Geistes*, 248.

고 있는 하나님에 대한 찬미를 시작한다.417)

나아가 치료받은 병자들과 보게 된 장님들, 복음을 들은 가난한 자들의 공동체가 예수의 메시아적 사명에서 생긴 교회의 이전 형태이던 것과 같이, 회개해 돌아오는 제자들의 공동체는 메시아의 교회의 또 하나의 잠정적인 모습이다. 교회는 만일 그것이 축복받은 백성이 아니고, 또 가난한 자, 슬퍼하는 자, 온유한 자, 의를 추구하는 자, 깨끗한 마음을 가진 자, 박해받은 자들로 이루어진 공동체가 안 되면 예수의 메시아적 사명을 함께 누리지 못한다.418)

예수와 함께하는 공동체는 우리를 사랑과 기도로 인도하고, 사랑과 기도는 서로를 심화시킨다. 이 세상을 더욱더 강렬하게 사랑하는 사람일수록 병든 사람, 의지할 곳 없는 사람, 파탄에 빠진 사람의 재난을 더욱더 강력하게 자신의 재난으로 받아들인다. 왜냐하면 사랑은 다른 사람의 고난을 방관할 수 없게 하기 때문이다. 사랑은 다른 사람의 고난을 더 이상 보고만 있게 하지 않는다. 우리는 고난의 상황에 그저 길들여질 수만도 없다. 오히려 사랑이 다른 사람의 고난을 느끼게 한다면, 사랑은 우리로 하여금 지속적인 기도로 이끈다.419)

기독교 선교는 인간 존재라는 그 독특한 보편적 개념이 바로 종말론적 내용을 가지기 때문에 인간성의 다른 종류의 인간학적 일반성 개념과의 대결에서 그 주장을 전개해야 한다. 그 선교는 예증적으로 인간은 로고스와 언어를 가진 존재라는 사실에서 출발하고 그때에는 의롭다 인정받는 사건을 통하여 그 본질의 성격

---

417) Ibid.,
418) Ibid., 96.
419) Moltmann, 「하나님 나라의 지평 안에 있는 사회선교」 39.

을 확증할 수는 없다. 반대로 그것은 의롭다 인정받고 소명을 받은 사건으로부터 출발한다. 그때에는 신학적으로 인간을 참된 인간으로 만드는 이 사건을 통하여 인간 본질에 대한 다른 주장 앞에서 증언하는 것이다.420)

또한 기독교의 선교는 그 자신을 장차 오실 하나님에 대한 이스라엘의 메시아적 희망이 모든 민족들에게 전해지는 방법으로 이해한다.421) 그리고 하나님 나라의 약속(*promissio*)은 세상을 향한 사람의 선교(*missio*)의 근거를 이룬다.422) 이러한 근거 위에 소수의 교회들에서 공동체의 선교적이고 봉사적인 세계를 향한 개방성이 발전되어야 한다.423)

신학은 하나님의 나라와 그의 의를 위한 열정으로부디 생성하며, 이 열정은 그리스도와의 친교에서 생성된다. 이 열정 속에서 신학은 세계 안에 있는 하나님의 나라와 하나님의 나라 안에 있는 세계에 대한 환상(Phantasie)이 된다. 하나님 나라의 신학으로서 그것은 필연적으로 선교신학이 되는데, 이 선교신학은 교회를 사회와 결합시키고 하나님의 백성을 땅 위의 모든 백성들과 결합시킨다.424)

예언자들의 약속에 의하면 메시아는 예루살렘에 나타나실 것이며, 그리하여 시온으로부터 이스라엘을 다시 세우고 법과 정의를 백성들과 땅 위에 가져오실 것이다. "구원하시는 분이 시온에서

---

420) Moltmann, 「희망의 신학」 194. 몰트만에게 있어서 세계선교는 "유대인도 없고 헬라인도 없고 종도 자유자도, 남자도 여자도 없느니라."(갈3:28)에 근거한다.
421) Moltmann, *Der Weg Jesu Christi*, 17.
422) Moltmann, *Theologie der Hoffnung*, 128.
423) Moltmann, *Kirche in der Kraft der Geistes*, 248.
424) Moltmann, 「신학의 방법과 형식」 17.

오실 것이니, 야곱에게서 경건하지 못함을 제거하실 것이다."(롬 11:26) 최초의 공동체는 메시아 왕국을 예루살렘에서 기다렸으며, 이스라엘의 12지파를 대변하는 열두 제자의 주변으로 모였다. '의로운 자' 곧 율법에 충실한 유대인 출신 그리스도인 야곱이 살해된 65년에 이르기까지, 이 예루살렘의 최초 공동체는 지중해 지역에서 생긴 기독교 공동체의 정신적 중심이었다. 이스라엘의 메시아적 부흥과 함께 이방인에 대한 메시아적 선교가 결합되었다.[425]

그리스도의 부활에 대한 회상(*memoria resurrectionis Christi*)은－지평(Horizont)을 통하여 보게 하며, 자신의 죽음의 지평을 통하여 영원한 생명의 넓은 영역을 보게 하며, 세계종말의 지평을 통하여 하나님의 새로운 세계를 보게 한다. 그렇다면 이 희망으로부터 산다는 것은, 이 세계의 기만적 외관과 모든 역사적 성공의 인상들을 거부하고 오늘 여기에서 정의와 평화의 세계에 상응하여 행동하는 것을 뜻한다.[426]

부활 이후 열두 사도들 주변에 모인 제자들의 공동체는 메시아적으로 새로워진 열두지파의 족속들을 상징한다. 그러므로 그것은 사랑의 힘 안에서 성취되어야 하는 율법의 영역과 회당의 영역 안에서 머문다. 그것은 이스라엘 자체 내의 재생운동이라고 말할 수 있을 것이다. 이방인들에 대한 선교가 거부된 것은 이방인들은 이스라엘의 재생 이후에 비로소 시온에 이르고 하나님의 율법을 받아들이게 될 것이라고 생각됐기 때문이다. 이것은 사실 개종자를 배제하지는 않았으나, 그러나 적극적인 이방선교를 배제했다.[427]

---

425) Moltmann, 「오시는 하나님」 526-27.
426) Moltmann, 「오시는 하나님」 405.

만약 세계에 널리 퍼진 이방인 선교 즉 교회가 최후의 것이지만 그러나 단 하나인 이방인의 화해를 이룩하고 이스라엘의 수용을 맨 나중 것으로 만든다면 그때는 먼 미래의 메시아적 기대가 현재의 활동하는 희망으로 바뀐다. 기대했던 이방인의 구원은 지금 이미 경험되었고 그리고 활동적인 선교에서 경험됐다. 미래의 기대는 현재의 과업이 된다. 교회의 불변하는 이스라엘적 기원의 배경 위에서 이방인 선교와 이방인 교회는 종말론적인 표징과 이적이다.[428]

그러므로 교회가 메시아적 시대의 언어에 귀를 기울일 때, 그리고 세례와 성찬에서 희망과 여명의 표징을 찬양할 때, 교회는 성령의 흰곤 안에서 도래하는 왕국을 향한 메시아적 백성으로서 자신을 이해한다. 메시아적 축제 안에서 교회는 자신의 자유와 책임을 의식하게 된다. 성령의 능력 안에서 교회는 이 세상 안에서 하나님 나라를 보좌하는 메시아적 예배공동체로서 자신을 경험한다.[429]

공동체에 위탁된 임무는 성령의 능력을 힘입어 그리스도를 통해서 믿는 자들을 하나님 나라에로 부름에 있다. 이 임무는 세례의 표징을 통하여 보일 수 있다. 세례받은 사람들의 공동체는 부름을 받은 사람들의 공동체이다. 여기에는 어떤 차이도 없다. 모든 사람들은 영원한 생에로, 그 나라의 영광에로, 메시아적 친교에로 소명받았으며 이 종말론적 미래의 메시아적 현재 속에서 살며 그것을 증언하도록 위탁받았다.[430]

---

427) Moltmann, *Kirche in der Kraft der Geistes*, 161.
428) Ibid., 162.
429) Ibid., 312.

만일 교회가 그 존재를 그리스도의 메시아적 선교와 성령의 종
말론적 은사로부터 획득한다면 교회의 특징은 동시에 메시아적
속성들이다. 이러한 점에 있어서 희망의 진술들이 문제가 된다.
교회의 일치는 구원의 때의 속성이다. 왜냐하면 구약성서에서 하
나님 백성의 일치 및 인류의 일치의 회복은 예언자들의 약속들이
기 때문이다. 최후의 날에 도래할 메시아는 흩어졌던 사람들을
함께 모을 것이며 분리된 사람들을 일치시킬 것이며 평화의 왕
국을 도래케 할 것이다. 구원의 때의 메시아로서 그리스도는 유
대인과 이방인, 그리스인과 야만인, 주인과 종, 남자와 여자들을
하나의 왕국에의 새로운 백성으로 함께 모으고 연합시키신다.431)

교회 안에서 상이한 사회적, 종교적 그리고 문화적 기원들을
가진 사람들이 "사랑 안에서 서로 참고"(엡 4:2) 서로를 심판하지
않고 특별히 그들 가운데에서 약한 자를 위하여 서로를 변호하는
친구가 된다. 함께 모여든 회중의 일치는 다른 사람들의 친교 안
에서 경험되고 보이게 된다. 그것은 성례전의 관리와 선포의 우연
적인 결과가 절대로 아니다. 그것은 이것들과 관련해서 그 자체가
희망의 표징이다. 유대인과 이방인, 그리스인과 야망인, 주인과
종, 남자와 여자들이 그들의 특권을 저버리고 혹은 그때의 사정에
따라서 억압으로부터 자유롭게 된다는 사실은 - 하나님의 새로운
백성의 모임 그 자체가 그러하듯이 - 하나님의 왕국의 성례전이며
메시아 시대의 시작이다.432)

교회가 오직 그리스도만을 자기의 근거로 삼을 때, 교회는 그

---

430) Ibid., 323.
431) Ibid., 361.
432) Moltmann, *Kirche in der Kraft der Geistes*, 365.

자신을 성령의 도래의 더 큰 종말론적이며 우주적 차원들 속에서 경험한다. 교회는 성령의 활동을 독점할 수 없다. 성령은 교회에 묶이지 않는다. 성령에게 중요한 것은 교회 자체가 아니라, 이스라엘과 교회와 함께 하나님의 나라, 삶의 다시 태어남, 모든 사물의 새 창조이다.[433]

더욱이 예배와 공동체적 '모임'은 삶의 다양한 관계 안에 있는 그리스도인들의 실존을 위하여 봉사한다. 모임은 '파송'을 위하여 봉사하며, 파송은 성령의 충만한 삶과 생동하는 사귐으로 인도한다. 파송은 불의의 폭력과 핵의 파멸과 생태학적 파멸의 문제로부터 그의 구체적 형태를 얻는다. 그것은 하나님 나라의 미래 지평으로부터 그의 희망을 읻는다.[434]

질적인 선교는 대화 속에서 이루어진다. 만약 그 대화가 세계사적인 문제들에 대한 심각한 대화라면 그것은 구속력도 없는 영원한 대화로 이끌지는 않는다. 개인적인 담화들에서도 대화하는 자들의 표정들과 태도 그리고 전망들이 변화하듯이 이 대화에서 기독교를 포함한 종교들이 변화한다. 세계 종교들의 대화는 우리가 우리 자신을 공개적으로 공격받도록 하고 우리가 대화에 의해 변화될 때만 비로소 들어갈 수 있는 하나의 과정인 것이다. 우리는 우리의 정체(Identität)를 잃어버리는 게 아니라 우리의 상대자와의 만남에서 새로운 모습을 얻게 된다. 대개 종교란 새로운 얼굴과의 대화에서 나타날 수 있다. 이러한 얼굴이 고난받는 사람들과 그들의 미래를 향하여, 삶을 향하여 그리고 평화를 향하여 돌아가는 것이 기독교의 희망이라고 말할 수 있을 것이다. 기독교는 이러한

---

433) Moltmann, *Der Geist des Lebens*, 243.
434) Ibid., 247.

대화, 개방성 그리고 변화의 과정에 적응함으로써 다른 종교에 대한 일련의 선입관을 무너뜨릴 필요가 있다.[435]

우리는 질적인 선교에 대하여 말하면서 공동의 생활을 위한 분위기를 만드는 것을 목표로 했다. 그리고 우리는 그 방법을 대화라고 불렀다. 쓰라린 경험에서 선교라는 표현은 많은 사람들에 의해서 위협으로 받아들여졌다. 기독교인들은 그들이 다른 종교들의 다양한 선교들을 주목하고 존중할 때만 그들의 특수한 선교에 관해서 말할 수 있다. 그들은 만일 단지 무엇을 전달하려고만 하지 않고 동시에 무엇을 받아들이려고 한다면 그들과 유익한 대화를 할 수 있을 것이다. 생산적인 대화는 한편으로 자기 자신의 신앙의 정체에 대한 분명한 인식을 포함한다. 그러나 다른 한편 그것은 그 자신의 불완전성에 대한 느낌과 다른 사람들과의 친교를 위해서 필요한 현실적인 감각을 요구한다. 이것이 다른 종교에 대해 현실적인 관심을 갖는 유일한 길이며 '다른 종교에 대한 창조적인 요구'다. 대화 그 자체는 지금까지의 종교가 존재했던, 서로를 분리하거나 또는 자주 서로에 대해 적대하던 삶의 분위기를 바꾸고 그리고 상호 협력, 교류 그리고 서로 풍부하게 할 수 있는 친교의 조건을 만든다.[436]

그리스도는 그의 가난을 통해서 많은 사람들을 부요하게 하기 위해서, 가난하게 되었다. 제자들은 부에 관한 복음을 가난한 자들에게 전하기 위하여 가난해졌으며, 사도는 세상을 복음으로써 충만하게 하기 위해서 가난하게 되었다. 이와 같은 또한 교회도, 그가 가진 모든 것을 하나님 나라를 섬기는 데 바치며, 그의 메시

---

435) Moltmann, *Kirche in der Kraft der Geistes*, 169-70.
436) Ibid., 179.

아직 세계선교에 투자할 때 이러한 의미에서만 비로소 가난하게
될 것이다(고전15:43).[437]

가난한 교회는 가난한 자들의 교회로서—다시 말해서 가난한
자들이 거기서 자유를 얻고 그 나라의 담지자가 되는, 그런 공동
체로서—이해되어야 할 것이다. 그러므로 기독교의 가난은 가난한
자들의 친교, 가난한 사람들과의 친교를 의미하며 또한 메시아적
선교 및 그 나라에 대한 소망의 공동체로서 그렇다. 이러한 의
미에서 "사랑의 표현으로서의 기독교의 가난은 가난한 자들과의
유대이며 가난에 대한 항거이다."[438]

---

437) Ibid., 379.
438) Ibid., 380.

VI. 나오면서

　현대인들은 다양한 삶의 자리에서 종교 없이도 살아가거나 종교를 필요로 하지 않는 삶을 유지한다. 그러나 인간은 본질적으로 삶의 허무와 죽음의 문제 앞에 회의와 삶의 가치에 대해 다시 생각하게 된다. 이러한 회의는 삶의 의미를 묻게 되고 가치 있는 삶에 대한 물음을 제기한다. 여기서 인간에게 종교와 기독교의 필요성을 발견하게 된다. 그러므로 현대사회에서 기독교에 대한 바른 이해 없이는 자신의 삶에 대해 진지하고 책임적으로 살 수 없다는 결론이 도출된다.

　이 책에서 필자는 생명신학적인 입장에서 현대 기독교의 대표적 신학자 중의 한 사람인 몰트만의 신학에서 전반적으로 사용된 '메시아적(Messianic)'이라는 용어의 개념과 그 의미를 규명하고, 그가 말한 메시아적 미래와 해방, 메시아적 안식과 찬양, 메시아적 삶의 스타일을 오늘날의 그리스도인들의 자화상으로 제시하였

다. 즉 현재의 고난을 피하지 않고 고난을 정면 돌파하는 메시아
적 미래와 해방, 역사를 넘어서는 하나님의 초월성과 종말의 미래
를 현재화시키는 종말론적 안식과 하나님에 대한 찬미, 이 세상의
환경, 정치 및 인류를 향한 책임의식을 지향하는 몰트만 신학의
특징을 탐구하였다.

물론 일부 현대의 자유주의 신학자들 사이에 '메시아적' 개념에
대한 포기를 주장되기도 한다. 그러나 몰트만 신학에 있어서 '메
시아적'이라는 용어는 일반적 의미의 포괄적 인격을 가진 메시아
개념뿐만 아니라, 메시아의 나라와 백성, 희망, 종말, 구원, 사회—
정치적, 이스라엘 역사의 회상, 하나님 나라와 역사 간의 범주적
중재, 삼위일체적, 생태학적 개념 등과 같이 사용되었다.

생명신학은 생명체들이 총체적이고 다차원적이며 전 지구적으로
파괴되고 있기 때문에 생명에 관한(about life) 신학이 아니라, 생
명을 위한(for life) 신학으로 단지 생명에 대한 교리적 혹은 관념
적인 신학에 머무르는 것이 아니라 실제적이고 구체적인 상황에
서 죽어가는 모든 생명체에 다시 생기를 불어넣는 창조적 행위로
서의 신학이다.

생명신학적인 입장에서 생명의 본질은 관계성에 있으며, 몰트만
이 사용한 '메시아적'이란 중심용어는 바로 생명의 중심이며 그
자체이신 예수 그리스도를 나타내는 표현으로 우리는 다시 한번
그리스도 중심적인 신앙을 강조하고 있는 몰트만의 삼위일체적
신학방법론이 그 타당성이 있다고 하겠다.

그러나 몰트만의 신학에 대해 필자는 다음의 세 가지 제안을
보충하고자 한다. 첫째, 몰트만이 추구한 대화에 있어서, 대화는

어느 한쪽의 일방적인 주장과 강요가 아니라 쌍방적이어야 한다는 점이다. 그리스도교가 에큐메니칼할 뿐만 아니라 타 종교와의 대화에 있어서도 상대방에 대한 이해와 배려를 기본으로 하지 않고는 무의미한 대화로 공허해질 것이기 때문이다. 여기에 상대방에 대한 '섬김의 자세'와 '교제'가 중요한 요소로 요구된다.

둘째, 몰트만의 신학은 십자가의 신학에 신앙의 근거를 찾고 있으나, 보다 더 한국교회 실정에 맞는 말씀(God of Word) 중심에 신학을 적용하고 활용하는 연구들이 추구되어야 할 것이다. 하나님의 말씀 중심의 신학에 근거할 때, 생명은 보다 더 존중될 것이고, 그 존엄성을 갖기 때문이다. 또한 사랑의 관계적 공동체를 확인하는 메시이적 삶의 스티일로 나타날 것이다.

셋째, 몰트만의 사회적-우주적 그리스도론이나 정치신학, 실천적 신학에서 추구하는 신앙인의 메시아적 삶의 모습은 보다 더 현실적인 나눔과 봉사의 모습으로 구체화되어야 할 것이다. 이러한 구체화된 삶의 현장 속에서 자신의 이익을 위하여 환경을 파괴하는 일이 사라질 것이고, 다른 생명을 이용하여 자신의 수명을 늘리고자 하는 욕심은 사라질 것이다. 그리고 맹목적인 과학의 남용으로 인한 불신과 혼란을 일으키는 잘못을 그리스도인의 한 사람으로 원칙을 제시하고, 그 원칙에 충실할 수 있을 것이라고 여겨진다.

이러한 원칙과 기초에 충실한 그리스도를 따르는 믿음의 삶이 될 때, 하나님의 지상명령인 선교는 성령의 충만함 안에서 하나님을 기쁘시게 하는 지상최대의 사역으로 변화될 것이다.

아울러 21세기 한국교회가 나아갈 생명신학의 과제와 전망에 대한 방향은 통전적이어야 한다는 점이다. 즉 예수 그리스도를 믿음으로만 인간과 하나님의 피조세계의 구원이 가능하다는 신앙고백의 터전 위에 기존의 신학들이 제기하는 정의와 나눔에 대한 문제제기를 진지하게 고려하는 삼위일체론적 생명신학이 되어야 한다.

이러한 방향을 가진 생명신학은 다음의 세 가지를 유의해야 한다. 첫째, 하나님의 창조세계의 청지기직을 강조하는 생명신학이어야 한다. 둘째, 타 종교 및 문화에 대한 바람직한 관계정립이 요구된다. 셋째, 카리스마 공동체로서의 교회를 이룩하는 것이다. 즉 성령의 은사를 받은 성도들이 함께 사귐과 봉사의 공동체를 이룩하는 것이다.

참고 문헌

Bauckham, R. *Moltmann: Messianic Theology in the Making*. Basingstoke: Marshall Pickering, 1987.

Bauckham, R *The Theology of Jürgen Moltmann*. Edinburgh: T & T Clack, 1995.

Berkhof, L. 「기독교 신학개론」 신복윤 역. 서울: 성광문화사, 2001.

Birch L. & Cobb J. Jr. *The Liberation of Life: From the Cell to the Community*. Cambridge: Cambridge University Press, 1981.

Boff L. 「생태신학」 김항섭 역 서울: 가톨릭출판사, 1996.

Bouma-Prediger, S. "Creation as the Home of God: The Doctrine of Creation in the Theology of Jürgen Moltmann." *Calvin Theological Journal*.(31 1997).

Bracken, Joseph A. *The Triune Symbol: Persons, Process and Community*. Lanham, MD: University Press of America, 1985.

Brümmer, Vincent. *The Model of Love: A Study in Philosphical Theology*. Cambridge: Cambridge University Press, 1993.

Butin, Philip W. *The Trinity*. Louisville, KY: Geneva Press, 2001.

Capra F. 「생명의 그물」 김용정, 김동광 역. 서울: 범양사, 1988.

Collins, J. J. *The Apocalyptic Imaination: An Introduction to Jewish Apocalyptic Literature*. Cambridge: Grand Rapids, 1998.

Cullmann, O. 「신약의 기독론」 김근수 역. 서울: 나단, 1988.

Deane-Drummond, C. E. *Ecology in Jürgen Moltmann's Theology, Texts and Studies in Religion*. Vol.75. Lewiston / Queenston / Lampeter: The Edwin Mellen Press., 1997.

Deuser, H. & Martin, D. & M., Stock, K., & Welker, M. ed. *Gottes Zuku-*

nft-Zukunft der Welt: Festschr. für Jürgen Moltmann zum 60. München: Kaiser, 1986.

Farrow, D., "Review Essay: In the End Is the Beginning: A Review Jürgen Moltmann's Systematic Contributions." *Modern Theology*(14 1998).

Foster Bellamy J. 「환경과 경제의 작은 역사」 김현구 역. 서울: 현실문화 연구, 2001.

Füflister, N. *Alttestamentliche Grundlagen der neutestamentlichen Christologie; in Mysterium Salutis*, ed. J. Geiner / M. Löhrer, 3 / 1, Einsiedeln 1970.

Groningen, G. 「구약의 메시아사상」 류호준, 유재원 역. 서울: 기독교 문서선교회. 1999.

Horsley, R. A. " 'Messianic' figures and movements in first-century Palestine." *The Messiah: Developments in Earliest Judaism and Christianity.* Minneapolis: Fortress Press, 1992.

Kaper, W. *Jesus the Christ.* New York: Paulist Press. 1976.

Käsemann, E. *Perspectives on Paul*, tr. by Margaret Kohl, Philadelphia: Fortress Press, 1971.

Kümmel, W. G. 「신약성서와 신학」 박창건 역. 서울: 성광문화사, 1987.

Magulis L. & Sagan D. 「생명이란 무엇인가」 황현숙 역. 서울: 지호, 1999.

Mason Jr. G. "God's Freedom as Faithfulness: A Critique of Jürgen Moltmann's Social Trinitarianism." Ph. D. diss., Southwestern Baptist Theological Seminary, 1987.

McIntyre, J. "Review Essay: Moltmann's God in Creation." *Scottish Journal of Theology.* (41 1988).

Mcwillians, W. "The Passion of God and Moltmann's Christology." *Encounter.* (40 Autumn 1979).

Mcwillians, W. "Trinitarian Doxology: Jürgen Moltmann on the Relation of the Economic and Immanent Trinity." *Perspectives in Religious Studies.* (23 Spring 1996).

Molnar, P. D. "The Function of the Trinity in Moltmann's Ecological Doctrine of Creation." *The Westminster Theological Journal.* (51 Spring 1990).

Moltmann, Jürgen. "Die soziale Trinitätslehre." "사회적 삼위일체 교리." 이형기

역. 「이종성 박사 회갑기념 논문집」 서울: 장로회신학대학출판부, 1982.

Moltmann, Jürgen. "The Biblical Doctrine of Trinity." "성서에 나타난 삼위일체 신관." 이형기 역. 「교회와 신학」 (12 1981).

Moltmann, Jürgen. 「본 훼퍼의 사회윤리」 전경연 역. 서울: 한신대학출판부. 1969.

Moltmann, Jürgen. 「삼위일체와 하나님의 역사」 이신건 역. 서울: 대한기독교서회, 1998.

Moltmann, Jürgen.. 「신학의 미래 I」 전경연 역. 서울: 한신대학출판부, 1984.

Moltmann, Jürgen. 「오시는 하나님」 김균진 역. 서울: 대한기독교서회, 2002.

Moltmann, Jürgen. 「인간」 전경연 역. 서울: 한신대학출판부, 1973.

Moltmann, Jürgen. 「정치신학」 전경연 역. 서울: 종로서적, 1974.

Moltmann, Jürgen. 「하나님 체험」 전경연 역. 서울: 한신대학출판부, 1982.

Moltmann, Jürgen. 「해방의 언어」 전경연 역. 서울: 대한기독교서회, 1974.

Moltmann, Jürgen. *Creating a Just Future: The Politics of Peace and the Ethics in a Threatened World.* Philadlphia: Trinity, 1989.

Moltmann, Jürgen. *Das Experiment Hoffnung und Politik.* 「희망의 실험과 정치」 전경연 역. 서울: 대한기독교서회, 1974.

Moltmann, Jürgen. *Der Geist des Lebens: Eine ganzheitliche Pneumatologie.* München: Chr. Kaiser Verlag. 1991. 「생명의 영」 김균진 역. 서울: 대한기독교서회, 1998.

Moltmann, Jürgen. *Der gekreuzigte Gott.* München: Chr. Kaiser Verlag. 1972. 「십자가에 달리신 하나님」 김균진 역. 서울: 한국신학연구소, 1990.

Moltmann, Jürgen. *Der Weg Jesu Christi.* München: Chr. Kaiser. 1989. 「예수 그리스도의 길」 김균진, 김명용 역. 서울: 대한기독교서회, 1990.

Moltmann, Jürgen. *Experiences in Theology: Ways and Forms of Christian Theology.* Minneapolis: Fortress Press, 2000, 「신학의 방법과 형식」 김균진 역. 서울: 대한기독교서회, 2001.

Moltmann, Jürgen. *Gerechtigkeit schafft Zukunft: Friedenspolitik und Schöfungsethik in einer bedrohten Welt.* München: Kaiser Verlag, 1989. 「정의가 미래를 창조한다: 위기시대를 위한 평화정치와 창조윤리」 안명옥 역. 왜관: 분도출판사, 1990.

Moltmann, Jürgen. *God for a Secular Society: The Public Relevance of Theology*. Minneapolis: Fortress Press, 1999.

Moltmann, Jürgen. *Gott in der Schöpfung*. München: Chr. Kaiser Verlag. 1985. *God in Creation*. London: SCM Press, 1985. 「창조 안에 계신 하느님」 김균진 역. 서울: 한국신학연구소, 2004.

Moltmann, Jürgen. *History and the Triune God: Contributions to Trinitarian Theology*. New York: Crossroad, 1992.

Moltmann, Jürgen. *How I Have Change: Reflections on Thirty Years of Theology*. Harrisburg, PA: Trinity Press International, 1997.

Moltmann, Jürgen. *Im Gespräch mit ERNST BLOCH*. München: Chr. Kaiser Verlag. 1976.

Moltmann, Jürgen. *Jesus Christ for Today's World*. Minneapolis: Fortress Press, 1994.

Moltmann, Jürgen. *Kirche in der Kraft des Geistes*. München: Chr. Kaiser Verlag. 1975. *The Church in the Power of the Spirit*. SCM Press, 1977. 「성령의 능력 안에 있는 교회」 박봉랑 외 4인 역. 서울: 한국신학연구소, 1988.

Moltmann, Jürgen. *Neuer Lebensstil-Schritte zur Gemeinde*. 「새로운 삶을 위하여」 김균진 역. 서울: 현대사상사, 1981.

Moltmann, Jürgen. *Politische Theologie-Politische Ethik*. München: Chr. Kaiser Verlag. 1984. 「정치신학 정치윤리」 조성로 역. 서울: 심지, 1986.

Moltmann, Jürgen. *Religion, Revolution, and the Future*. New York: Charles Scribner's Sons, 1969.

Moltmann, Jürgen. *The Experiment Hope*. Philadlphia: Fortress Press, 1975.

Moltmann, Jürgen. *Theologie der Hoffnung*. München: Chr. Kaiser Verlag. 1964. *Theology of Hope*. New York and Evanston: SCM Press, 1967. 「희망의 신학」 전경연, 박봉랑 역. 서울: 대한기독교서회, 1989.

Moltmann, Jürgen. *The Open Church*. London: SCM Press, Ltd, 1978.

Moltmann, Jürgen. *The Power of the Powerless*. San Franciso: SCM Press, 1983.

Moltmann, Jürgen. *The Spirit of Life: A Universal Affirmation*. Minneapolis:

Fortress Press, 1992.

Moltmann, Jürgen. *Trinität und Reich Gottes*. München: Chr. Kaiser Verlag. 1982. 「삼위일체와 하나님의 나라」 김균진 역. 서울: 대한기독교서회, 1982.

Moltmann, Jürgen. *Was ist heute Theologie?* Freiburg: Herder Verlag, 1988. 「오늘 우리에게 그리스도는 누구신가?」 이신건 역. 서울: 대한기독교서회, 1997.

Moltmann, Jürgen. *Zukunft der Schöpfung*. München: Chr. Kaiser Verlag. 1977.

Morse, C. *The Logic of Promise in Moltmann's Theology*. Philadelphia: Fortress Press. 1979.

Naess A. *Ecology, Community and Lifestyle*. Cambridge: Cambridge University Press, 1989.

Nash James A. *Loving Nature: Ecology Integrit and Christian Responsibility*. Nashvill: Abingdon Press, 1991.

Otto, R. E. "The Eschatological nature of Moltmann's Theology." *The Westminster Theological Journal*. (54 Spring 1992).

Paul D. Molnar, "Moltmannnnn's Post-Modern Messianic Christology." *The Thomist*. (56 1992).

Radd, G. E. 「신약신학」 이창우 역. 서울: 성광문화사, 1983.

Rifkin J. 「생명권 정치학」 이정배 역. 서울: 대화출판사, 1996.

Schlink E. *Ökumenische Dogmatik*. Göttingen: Vandehoeck & Ruprecht, 1983.

Steck Odil H. 「세계와 환경」 박영옥 역. 천안: 한국신학연구소, 1990.

Szikszai, S. "Anoint." *Interpreter's Dictionary of the Bible*. Vol. I. New York: Abingdon Press. 1962.

Talmon, S. J. Neusner, W. S. Green, and E. S. Frerichs. ed. "Waiting for the Messiah: The Spiritual Universe of the Qumran Covenanters." *Judaisms and Their Messiahs at the Turn of Christian Era*. New York: Cambridge Univ. Press, 1987.

Walsh, B. J. "Theology of Hope and the Doctrine of Creation." *The Evangelical Quarterly*. (59 January 1987).

Weizsäcker, C. F. v. 「시간이 촉박하다」 이정배 역(서울: 대한기독교서회, 1987).

Welker, M. *Diskussion über Jürgen Moltmann Buch Der gekreuzigte Gott*.

München: Kaiser. 1979.

Wood, L. W. "From Barth's Trinitarian Christology to Moltmann's Trinitarian Pneumatology: A Methodist Perspective." *The Asbury Theological Journal.* (48 Spring 1993).

김광식.「조직신학Ⅱ」서울: 대한기독교서회, 1990.

김균진.「기독교조직신학Ⅴ」서울: 연세대학교출판부, 1999.

김균진. "성찬식의 메시아적 근원적 미래."「신학 논단 18집」서울: 연세대학교. 신과대학, 1989.

김균진.「생태학의 위기와 신학」서울: 대한기독교서회, 1991.

김균진. "우주적 그리스도론."「현대와 신학」서울: 연세대학교 연합신학대학원, (14 1991).

김균진.「역사의 예수와 하나님의 나라」서울: 연세대학교출판부, 1995.

김균진.「헤겔과 바르트」서울: 대한기독교출판사, 1984.

김균진.「헤겔과 현대신학」서울: 대한기독교출판사, 1990.

김경재.「생명회복을 위한 신학과 목회」목회와 신학 3, 서울: 한국기독교장로회 총회 교육편, 1994.

김세윤.「하나님의 아들로서의 인자」서울: 엠마오, 1992.

김지하.「살림」서울: 동광출판사, 1989.

문상희. "신약 신학",「성서와 기독교」서울: 연세대학교출판부, 1990.

박재순.「한국생명신학의 모색」천안: 한국신학연구소, 2000.

선순화.「공명하는 생명신학」서울: 다산글방, 1999.

안병무.「갈릴래아의 예수」천안: 한국신학연구소, 1990.

이정배. "메시아적 종말론과 진화론-몰트만의 자연신학 연구",「몰트만과 그의 신학: 희망과 희망 사이」서울: 한들출판사, 2005.

이정배.「창조신학과 생태학」서울: 설우사, 1987.

이정배.「토착화와 생명문화」서울: 종로서적, 1991.

이정배. "통합 학문의 주제로서 '생명'과 기독교 생명신학",「생명의 영성」한 국조직신학회, 서울: 대한기독교서회, 2004.

이상직. "몰트만의 교회론: 하나님의 영광과 세계의 해방을 위한 교회론."「몰트만과 그의 신학: 희망과 희망 사이」서울: 한들출판사, 2005.

이상직. "생명신학의 전망과 과제", 한국개혁신학회 제11차 정기학술심포지엄 발표 논문, 2001.

이종성. 「그리스도론」 서울: 대한기독교출판사, 1994.

이종성. 「삼위일체론」 서울: 대한기독교출판사, 1999.

이형기. 「알기 쉽게 간추린 몰트만 신학」 서울: 대한기독교서회, 2002.

장회익. 「과학과 메타과학」 서울: 지식산업사, 1990.

전현식. "생명(창조)에 대한 몰트만의 삼위일체적 성령론적 이해 – 생태여성학 적 재해석 및 비전", 「생명의 영성」 한국조직신학회, 서울: 대한기독교서 회, 2004.

정기철. "생명신학의 과제", 「생명의 영성」 한국조직신학회, 서울: 대한기독교서 회, 2004.

정홍규. 「생명을 하늘처럼」 서울: 성 바오로출판사, 1993.

천사무엘. "구약성서에 나타난 생명신학", 「생명문화와 기독교」 서울: 한들, 1999.

최흥진. "신약성서에 나타난 생명신학", 「생명문화와 기독교」 서울: 한들, 1999.

황돈형. "생명과 성령", 「생명의 영성」 한국조직신학회, 서울: 대한기독교서회, 2004.

저자 약력

노정환(盧政煥)

서울 광성고등학교 졸업
호서대학교 신학과 졸업(B.Th)
연세대학교 연합신학대학원 졸업(조직신학 Th.M)
호서대학교 대학원 신학과 졸업(철학박사)
대한기독교 감리회 인천숭의중앙교회 교육목사 역임
호서대학교 생활관 사감 및 부설 대학교회 부목사 역임.
나사렛대, 호서대 출강

메시아적 삶의 스타일

• 초판 인쇄	2007년 5월 25일
• 초판 발행	2007년 5월 25일
• 지 은 이	노정환
• 펴 낸 이	채종준
• 펴 낸 곳	한국학술정보㈜
	경기도 파주시 교하읍 문발리 526-2
	파주출판문화정보산업단지
	전화 031) 908-3181(대표) · 팩스 031) 908-3189
	홈페이지 http://www.kstudy.com
	e-mail(출판사업팀사업부) publish@kstudy.com
• 등 록	제일산-115호(2000. 6. 19)
• 가 격	11,000원

ISBN 978-89-534-6767-5 93230 (Paper Book)
      978-89-534-6768-2 98230 (e-Book)